大城之美

图说广州发展70年

中共广州市委宣传部 编著

广州出版社
广州新华出版发行集团

图书在版编目（CIP）数据

大城之美：图说广州发展70年 / 中共广州市委宣传部编著 . —广州：广州出版社，2019.12
ISBN 978-7-5462-3053-5

Ⅰ . ①大…　Ⅱ . ①中…　Ⅲ . ①社会主义建设成就－广州－图集　Ⅳ . ① D619.651-64

中国版本图书馆 CIP 数据核字（2019）第302103号

DA CHENG ZHI MEI : TU SHUO GUANGZHOU FAZHAN 70 NIAN
大城之美——图说广州发展 70 年

出版发行：广州出版社
（地址：广州市天河区天润路 87 号 9 楼、10 楼　邮政编码：510635
网址：www.gzcbs.com.cn）
责任编辑：蚁燕娟
文字编辑：周　秦
责任校对：黄焕姗
封面设计：刁俊锋
印　　刷：广州市快美印务有限公司
（地址：广州市白云区广从五路 410 号一楼 103 房　邮政编码：510440）
开　　本：889 毫米 ×1194 毫米　1/16
印　　张：28
字　　数：560 千
版　　次：2019 年 12 月第 1 版
印　　次：2019 年 12 月第 1 次
书　　号：ISBN 978-7-5462-3053-5
定　　价：168.00 元

发行专线：（020）38903520 38903521
如发现印装质量问题，影响阅读，请与承印厂联系调换。

《大城之美——图说广州发展70年》编委会

序

1949年10月15日，清晨的珠江河畔，一面五星红旗冉冉升起。在时光的镜头里，广州解放，以这样的方式被永久定格。

2019年10月，新中国迎来了自己的七十华诞。70年来，南粤大地风起云涌，一代又一代人接续奋斗，谱写了一曲感天动地、气壮山河的奋斗赞歌。

70年来，广州步履坚定、高歌猛进，建成区面积不断扩大。从新中国成立初期约32.59平方公里，增加到1293平方公里，成为全国建成区面积最大的5个城市之一。如果说北京路的千年繁盛，浓缩了老城广州的记忆乡愁，那么高楼林立、大厦参天的珠江新城，则见证了广州跻身国际大都市行列的坚定步履。改革开放以来，广州进入高速发展阶段，开始探索新区综合开发模式。1993年，珠江新城综合规划方案正式实施；从2008年440米的西塔封顶，再到2016年530米的东塔投入使用，刷出广州摩天大楼新高度。进入21世纪，广州提出“南拓、北优、东进、西联”的城市发展新战略，白云新城、科学城、国际金融城、琶洲人工智能与数字经济试验区等一个个新城拔地而起，番禺、黄埔、南沙等外围区域快速发展，从单中心“一枝独秀”到多中心“组团发展”，城市建设实现从理念到实践的破茧蝶变。

70年来，广州逢山开路、遇水架桥，经济总量连上新台阶。1949年地区生产总值仅为2.98亿元，直到改革开放初期，广州经济总量在全国主要城市中居第八位，不仅低于京、津、沪，也低于沈阳和武汉等城市。改革开放后，广州人民咬定青山不放松，经济发展插上腾飞的翅膀，1989年起经济总量跃居全国第三，仅次于上海和北京，连续27年经济总量稳居全国主要城市第三，“北上广”已经成为中国人的一句“口头禅”，耳熟能详。2010年，广州地区生产总值突破1万亿元，党的十八大以来更是每年迈上一个千亿元台阶，2018年为22859多亿元，约占广东省经济总量的25%。按可比价格计算，2018年广州地区生产总值是1949年的1736倍。

70年来，广州闻鸡起舞、日夜兼程，产业结构向高层次演进。1949年广州的三大产业结构约为27:33:39。改革开放后，工业化进程进一步加快，服务业迅速发展，到2009年，广州的第三产业占比逾60%。2018年，三大产业结构继续调整约为1:27:72，服务业向现代化迈进。党的十八大以来，广州第三产业增加值总量连攀上新台阶，2018年接近16402亿元。从构成上看，2018年房地产增加值占第三产业增加值的比重上升到11.6%；近几年，互联网、软件和信息技术服务业年均增长25.9%。

70年来，广州披荆斩棘、砥砺奋进，综合交通运输网络日趋完善。新中国成立初期，至20世纪50年代，全市仍有40%的村、15%的镇不能通汽车；至80年代，全市公路在严格统一规划下有计划地连成网络；至1990年，全市公路密度每百平方公里达37公里，居全国省会城市前列；至2018年，每百平方公里达8975公里。自1997年建成第一条地铁线路，截至2018年底，已开通运营15条（段）地铁线路和1条有轨电车线路，运营线路长度达485公里，稳居全国第三位。2018年，广州地铁安全运送乘客超30亿人次，承担全市公共交通51%的出行量。大力修建高铁，2004年，铁道部规划的全国四大铁路客运中心之一——广州南站开工建设，武广铁路、广珠城际铁路、广深港铁路、贵广铁路、南广铁路等高铁投入运营，从广州南站出发可乘高铁直达全国多个省会城市、直辖市、自治区首府，构建起一个四通八达的高铁网络，进一步完善综合交通枢纽功能。

70年来，广州实现超越、傲视同侪，国际航空与国际航运枢纽能级提升。新中国成立初期，白云机场占地面积不足120万平方米；1978年，机场旅客吞吐量不足70万人次。近年来，广州大力推进国际航空枢纽建设，新白云国际机场2004年投入使用，目前拥有3条跑道、2个航站楼，成为国家民航局首批未来“智慧机场”建设示范单位。机场的枢纽吞吐能力及综合服务水平得到明显提升，2016年机场旅客吞吐量近6000万人次；2018年机场旅客吞吐量近7000万人次，居全国第三位、全球第十三位。新中国成立初期，广州港口建设较为落后，1952年广州港吞吐量仅为311万吨；1978年广州港吞吐量达1686万吨。党的十八大以来，广州奋力向建设具有较强辐射能力和资源配置功能的国际航运中心的更高目标进发，特别是2015年以来，以粤港澳大湾区建设为契机，加快提升国际航运中心综合竞争力。2018年，广州港口货物吞吐量突破6亿吨(6.13亿吨)，位列全球第五；继2017年成功跻身全球七个集装箱年吞吐量超过2000万标准箱的港口行列后，2018年达2192.21万标准箱，排名上升至全球第五位，广州国际航运中心的综合竞争力逐步提高。

70年来，广州筚路蓝缕、改革破局，开放的大门从未关闭，并且越开越大。1978年广州货物贸易出口值为1.34亿美元，1987年进出口总值达21.71亿美元，1993年突破百亿美元，2010年突破千亿美元，2018年达1484.83亿美元，是1987年的68.4倍。1979年，广州实际利用外商直接投资仅为165万美元，2018年达66.11亿美元。1979—2018年实际使用外资金额累计939.68亿美元，1980—2018年年均增长26.7%；累计吸收外商直接投资项目36537个。2015年正式挂牌的中国(广东)自由贸易试验区广州南沙新区片区，注册企业数由挂牌前的8400家增加到2018年的91230家，增长近10倍；外贸进出口从2014年的1291.4亿元上升到2018年的2063.9亿元，跨境电商交易规模从0.3亿元发展到98.7亿元；在自贸区政策带动下，中远海运散货全球总部、中远航运风电总部、唯品会跨境电子商务总部等航运物流企业总部落户南沙，一个高水平的对外开放门户枢纽正在崛起。

70年来，广州栉风沐雨、一路向前，居民收入稳步提高，社会保障持续完善。1952年，广州城镇、农村常住居民人均可支配收入均不超200元，到1978年分别提高到442元、440元。改革开放以来，收入分配制度加快推进，居民收入渠道不断拓宽，收入来源趋向多元化，居民收入水平有了很大提高。2018年，广州城镇、农村常住居民人均可支配收入分别为59982元和26020元。在社会保障方面，广州按照兜底线、织密网、建机制的要求，全面建成覆盖全民、保障适度的多层次社会保障体系，社会保险覆盖面不断扩大，保障标准不断提高。2018年末，全市基本养老、社会医疗、失业、工伤、生育保险参保人数分别为928.37万人、1247.7万人、608.71万人、639.87万人和585.3万人。2018年，企业退休人员月均养老金提高至3513元，位于国内副省级城市前列。

70年来，广州多措并举，打造天蓝地绿水清的美丽环境，环境质量进一步改善。"广州蓝"出场率越来越高。2018年，全市细颗粒物(PM2.5)平均浓度降至35微克/立方米，连续两年达到国家二级标准；城镇生活垃圾无害化处理率为100%，同比提高3.5个百分点；城市污水处理厂日处理能力达到570.23万立方米，同比增长4%；全市10个城市集中式饮用水水源地水质稳定保持达标率100%，连续八年保持达标率100%；全市森林覆盖率达到42.26%，建成3500公里绿道；大力打造都市花海，将花融入城市的各个角落、市民生活的每个细节，擦亮“花城”这一城市名片。

70年来，广州秉承“老城市新活力”理念，文化事业繁荣发展、体育事业屡创佳绩。在文化方面，举办众多高级别艺术盛会，音乐金钟奖永久落户羊城，举办金狮奖、金花奖、新年双语晚会、“声响亚洲”文化节、羊城国际粤剧节、广州国际管乐演奏大会、国际纪录片节等系列文化艺术活动，展示了广州风采和魅力；传承发扬岭南优秀传统文化，建设一批新时代红色文化讲堂，建设文化馆、美术馆、华侨博物馆、岭南金融博物馆等，文化基础设施不断完善。在体育方面，广州建设了一批现代化的一流体育场馆，成功举办第六届全国运动会、第九届全国运动会、2006年广州国际女子网球公开赛、第二十七届世界摔跤锦标赛、2010年亚运会、广州国际马拉松赛、2017年金砖国家运动会、世界羽毛球巡回赛总决赛等大型体育赛事，广州籍运动员在大赛中取得了好成绩。2018年，广州举办国际级、国家级单项比赛94次，广州籍运动员破世界纪录1项1人次，破亚洲纪录1项1人次，破全国纪录1项1人次，获得世界冠军37项39人次，亚洲冠军26项31人次，全国冠军120项171人次；开展各级各类大型全民健身活动赛事496项次，约700万人次参加各级各类大型全民健身活动。

70年奋斗岁月波澜壮阔，70年发展历程辉煌灿烂。回首70年，广州始终以敢闯敢为的激情和勇气，开拓进取。在新的历史起点上，全市上下以习近平新时代中国特色社会主义思想为指导，坚持新发展理念，坚持高质量发展要求，抢抓粤港澳大湾区建设重大历史机遇，继续发扬敢闯敢试、敢为人先的改革精神，奋力实现“老城市新活力”“四个出新出彩”，推动广州现代化国际大都市、国家中心城市建设全面上新水平。

编者

2019年10月

目 录

第一章 001 新生广州

001 第一节 挥师南下，解放广州
012 第二节 新政权诞生
016 第三节 社会秩序与经济秩序恢复
024 第四节 难忘那年那月

第二章 041 崛起广州

043 第一节 从爱群大厦到海珠广场
052 第二节 流花地区外贸建筑群
058 第三节 20世纪80年代环市路建筑群
065 第四节 天河城板块崛起
072 第五节 新世纪新高度
079 第六节 区划变迁

第三章 085 门户广州

087 第一节 从绿皮车厢迈向高铁时代
116 第二节 公路枢纽
128 第三节 南方大港
142 第四节 广州机场 一路向北

第四章 157 商都广州

159 第一节 广交会——世界第一展
167 第二节 专业批发市场
172 第三节 城市商圈

第五章 179 名城广州

181 第一节 让文物说话
193 第二节 粤腔粤调粤文化
208 第三节 学校教育

第六章 233 美丽广州
235 第一节 花在城中 城在花中
251 第二节 青山半入城
258 第三节 绿满羊城
266 第四节 “广州蓝”
274 第五节 水城广州

第七章 289 创新广州
291 第一节 市场为师 改革为先
307 第二节 老城市新活力
321 第三节 从“工业制造”到“工业智造”

第八章 341 幸福广州
343 第一节 宜居宜业
353 第二节 便利出行
377 第三节 体育之城
390 第四节 一起来,更精彩

第九章 405 巨变广州

435 参考书目
437 后记

第一章

新生

广州

公元前214年，
广州城诞生；
公元1921年，
广州市成立，
成为中国历史上第一个具有现代意义的城市；
公元1949年，
广州解放，
从此广州翻开新的篇章。

第一节
挥师南下，解放广州

1949年10月14日下午，中国人民解放军第四野战军第十五兵团先头部队到达沙河和广州北郊，旋即进入市中心区，当晚在黄沙车站全歼残敌。解放军迅速占领国民党“总统府”“广州绥靖公署”“广东省政府”“广州市政府”及“广州警察局”，解放广州战役胜利结束。15日拂晓，珠江之畔的东亚大酒店，一面五星红旗从三楼窗口高高挂起，这是广州解放后升起的第一面五星红旗。

从此，广州，这座具有两千多年历史的古城翻开了新的一页。

▲解放广州具体步骤是从江西赣州开始的，即“赣州会议”。1949年8月下旬，南下解放军到达江西。9月7日，叶剑英在江西赣州主持召开中共中央华南分局扩大会议，部署解放广东的战役。决定由第二野战军第四兵团、第四野战军第十五兵团及华南人民武装共22万人，分西、中、东三路进军广州，这就是著名的“赣州会议”。图为赣州会议旧址。

▲►1949年10月，解放军发起解放广东的战役，向粤北守敌实施进攻。图为1949年9月，南下工作团二分团宣传队在南下江西途中。小图为南下工作团标识。

▼1949年10月6—7日，解放翁源、韶关、曲江等地，突破敌人“湘粤防线”。随即沿粤汉铁路向广州进军。图为粤赣湘边纵队战士行军途中的情形。

▲1949年10月14日下午，第四野战军第十五兵团先头部队到达沙河和广州北郊，旋即进入市中心区。图为解放军先头部队通过黄花岗。

▼接着进攻观音山(越秀山)。图为解放军战士攻占观音山(越秀山)情景。

▲ 14日当晚在黄沙车站全歼残敌。解放军迅速占领国民党“总统府”“广州绥靖公署”“广东省政府”“广州市政府”及“广州警察局”，解放广州战役胜利结束。中国南疆门户、具有光荣革命历史的名城广州迎来解放，历史从此翻开新的一页。图为解放军攻占国民党政权南迁广州的“行政院”（今解放北路广东迎宾馆）。

▼1949年10月15日清晨，解放军骑兵进入广州市区。

大公報
一九四九年十月十六日
（第一張）

大公報
上海版

★新華社時評★
慶祝廣州解放和殲滅白崇禧主力

廣州解放

華南
我軍繼續掃蕩殘敵
切斷廣九鐵路攻克三水

▶图为当时《大公报》关于广州解放的相关报道。

▼1949年10月15日拂晓，珠江之畔的东亚大酒店，一面五星红旗从三楼窗口高高挂起，这是广州解放后升起的第一面五星红旗，现今保存在广州近代史博物馆里。这面红旗是东亚大酒店的工人在党组织的领导下冒险悄悄缝出来的。红布是从窗帘布里省下来的，五角星是拿了同事穿的黄色球衣细心剪制的。迎风招展的五星红旗映着珠江上的晨曦，在向全城的百姓宣示创伤与苦难已成为过去，广州从此属于人民。图为当年升旗的地方。

▼1949年11月11日，庆祝广州解放暨解放军入城仪式在旧市政府合署办公大楼（今市政府大楼）前隆重举行。军容整齐的战士一队队走过主席台，接受叶剑英、方方、陈赓、朱光等首长检阅。图为叶剑英（左三）、方方（左一）、赖传珠（左二）等在欢庆广州解放的检阅台上。

▲图为人民解放军队伍通过检阅台，接受党政军首长检阅。

▲1949年11月11日，广州举行庆祝解放大游行和人民解放军入城式。20多万人参加游行，盛况空前。图为游行队伍经过爱群大厦。

▲图为游行队伍中展示的巨幅国旗。

▲图为解放军入城部队经过广州长堤。

▲图为人民群众载歌载舞，欢迎解放军入城，欢庆广州解放。

第二节
新政权诞生

人民解放军进城后，立即宣布成立广州市军管会，开始城市接管和建政工作，逐步建立人民民主的政权机构。中共广州市委和广州市人民政府的成立，以及第一届各界人民代表会议的召开，标志着新政权的诞生，广州从此进入一个全新的时期。

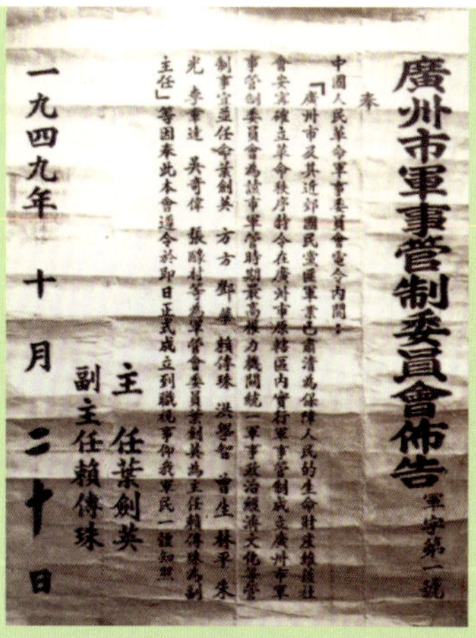

廣州市軍事管制委員會佈告 軍字第一號

奉
中國人民革命軍事委員會電令內開：
「廣州市及其近郊國民黨匪軍業已肅清為保障人民的生命財產鎮壓社會安寧確立革命秩序特令在廣州市及轄區內實行軍事管制成立廣州市軍事管制委員會為該市軍管時期最高權力機關統一軍事政治經濟文化等管制事宜並任命葉劍英 方方 鄧華 賴傳珠 洪學智 曾生 林平 朱光 李章達 吳奇偉 張醉村等為軍管會委員葉劍英為主任賴傳珠為副主任」等因奉此本會遵令於即日正式成立到職視事仰我軍民一體知照

主任 葉劍英
副主任 賴傳珠

一九四九年十月二十日

▲1949年10月20日，成立以叶剑英为主任的广州市军事管制委员会，统一管制全市军事、政治、经济、文化。图为军事管制委员会布告。

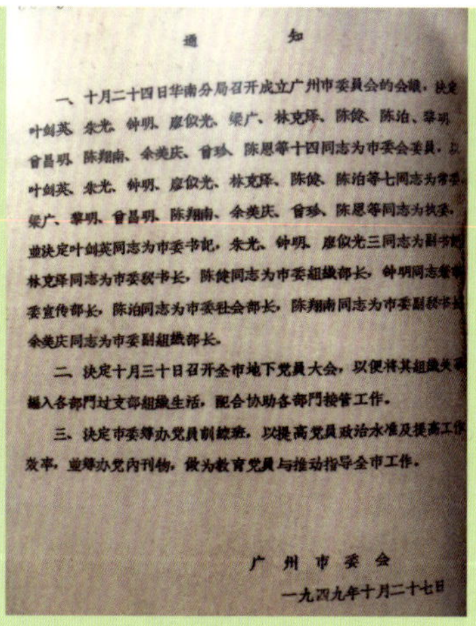

通 知

一、十月二十四日华南分局召开成立广州市委员会的会议，决定叶剑英、朱光、钟明、廖似光、梁广、林克泽、陈健、陈治、黎明、曾昌明、陈翔南、余美庆、曾珍、陈恩等十四同志为市委会委员，以叶剑英、朱光、钟明、廖似光、林克泽、陈健、陈治等七同志为常委，梁广、黎明、曾昌明、陈翔南、余美庆、曾珍、陈恩等同志为执委，並决定叶剑英同志为市委书记，朱光、钟明、廖似光三同志为副书记，林克泽同志为市委秘书长，陈健同志为市委組織部长，钟明同志兼市委宣传部长，陈治同志为市委社会部长，陈翔南同志为市委副秘书长，余美庆同志为市委副組織部长。

二、决定十月三十日召开全市地下党員大会，以便将其組織关系編入各部門过支部組織生活，配合协助各部門接管工作。

三、决定市委舉办党員訓練班，以提高党員政治水准及提高工作效率，並舉办党內刊物，做为教育党員与推动指导全市工作。

广州市委会
一九四九年十月二十七日

▲1949年10月24日，中共中央华南分局决定重建中共广州市委，叶剑英任书记。这是广州市委成立后的工作通知。

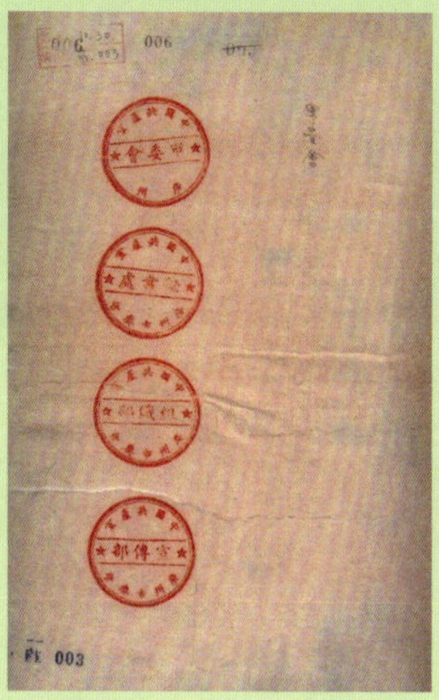

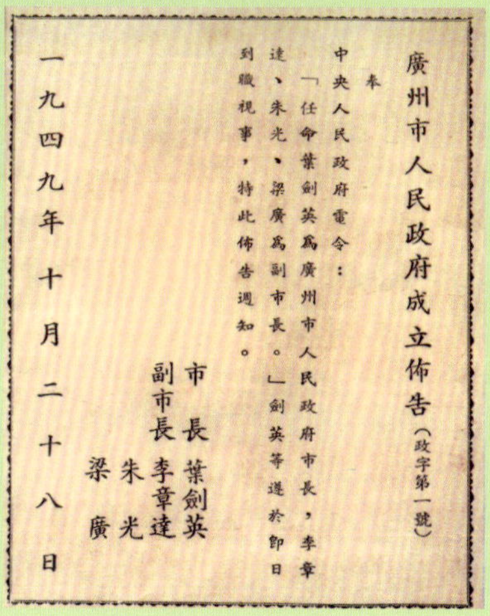

廣州市人民政府成立佈告（政字第一號）

奉
中央人民政府電令：
「任命葉劍英為廣州市人民政府市長，李章達、朱光、梁廣為副市長。」劍英等遵於即日到職視事，特此佈告週知。

市長 葉劍英
副市長 李章達
朱光
梁廣

一九四九年十月二十八日

▲1949年10月28日，广州市人民政府成立。图为最早启用的中共广州市委工作部门的印模档案以及广州市人民政府成立布告。

▶ 1949年11月27日，广州市第一届各界人民代表会议召开，确定整顿治安和恢复生产两项中心任务。图为会议代表步入会场。

▶ 市长叶剑英致开幕辞，号召“建设人民的广州”。

▼接着，广州下属各个区也相继召开代表大会。图为1950年2月28日，黄沙区第一届人民代表大会召开。

▲1952年，广州市第一届工会会员代表大会召开。

▶图为召开第一届工会委员代表大会的地点——原广州市总工会大楼。

▲ 1954年6月，广州在全市开展对《中华人民共和国宪法（草案）》的讨论和宣传工作。图为广州青年学生在学习宪法。

▶1953—1954年，广州市民第一次普遍参加人民代表选举。1954年1月，开展广州市暨各区大规模普选宣传工作。图为普选宣传大会。

第三节
社会秩序与经济秩序恢复

广州解放后，进入轰轰烈烈的三年经济恢复时期，取得辉煌的成就。到1952年全市国民经济已达到新中国成立前的最高水平，在废墟上崛起了崭新的广州。

▲广州解放初期，土匪、特务等敌对势力猖獗，阴谋推翻新生人民政权。1949年10月开始，在广州全面进行清匪反特工作。到1953年1月，基本肃清反动势力，巩固了人民民主专政，保卫了新生的人民政权。图为1950年，广州市在中山纪念堂前召开控诉反革命罪行大会，5万人参加。

▲旧广州时期，烟馆、妓馆、赌馆林立，严重毒害人民身体和精神健康。新中国成立后，人民政府发动群众大力清除“三害”，颁布禁烟、禁毒实施办法。到1957年10月，由政府集中收容改造的妓女1200多人，均得到安置。图为1951年6月3日，广州市人民拥护禁烟禁毒大会。

▶ 1950年12月7日，广州市土改委员会成立，发布《实行郊区土地改革的布告》，宣布在郊区实行土地改革；号召农民团结起来，健全农民协会，坚决执行土改的一切法令。12月12日，广州市土改委员会调集534名干部组成30个工作队分赴小洲、仑头等30个乡，开展第一批土改工作。图为广州市人民政府发布给寺右乡村民的土地所有证，该土地证所指的茂丰围位于现在的二沙岛。

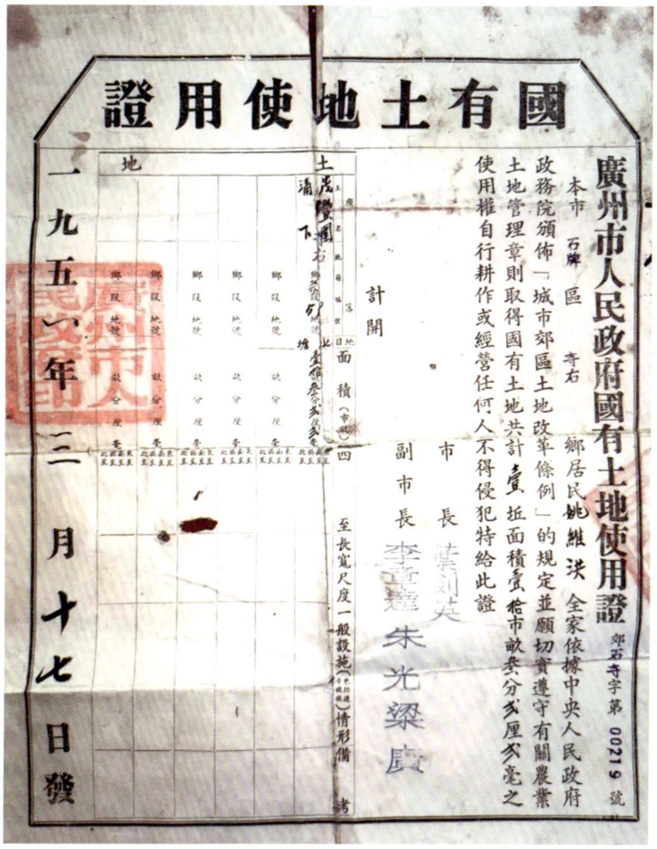
國有土地使用證
廣州市人民政府國有土地使用證
郊石寺字第 00219 號
本市 石牌 區 寺右 鄉居民姚維洪 全家依據中央人民政府政務院頒佈「城市郊區土地改革條例」的規定並願切實遵守有關農業土地管理章則取得國有土地共計壹坵面積壹拾市畝叁分弍厘弍毫之使用權自行耕作或經營任何人不得侵犯特給此證
計開
市長 葉劍英
副市長 李章達 朱光 梁廣
一九五〇年十二月十七日發

▶ 土地改革运动中，广大农民分到土地，成为占有土地的劳动者，生产热情高涨，积极兴修水利，大搞生产。图为举行土改誓师大会。

◀1949年10月，广州市军管会接管金融机构，接着成立中国人民银行广州分行，宣布人民币为流通合法货币，颁布一系列条例，稳定金融秩序，平抑市场物价，经济社会秩序迅速恢复正常。为恢复经济，保障供给，政府组织城乡物资交流，活跃广州市场。1951年12月，在广州岭南文物宫内举行华南土特产交流大会，图为宣传画刊。

◀新中国成立初期，广州市面上经济状况严峻。仅1950年3至6月，工商业企业歇业86家，未经登记自动关门近千家。为扭转这一局面，中南军政委员会和中南局联合发布《关于调整工商业与公私关系的指示》，提出投放货币，实行贷款、订货、收购成品，调整税收，调整公私关系和劳资关系等5项措施。私营工商业逐步得到恢复，开业增加，工业产销量和商业贸易额上升。图为公私合营后的巧明火柴厂生产的产品。

▲1951年3月27日，广州市郊区农民代表会议召开，宣布市郊土地改革全部胜利完成。图为完成土改的农村，农民高兴地焚烧地主的旧田契，并舞狮庆贺。

▲土地改革运动中，广大农民分到土地，成为占有土地的劳动者，生产热情高涨，积极兴修水利，大搞生产。图为农民牵着水牛到自己新分得的土地耕作，脸上露出翻身的喜悦。

▼土地改革运动大大激发了农村劳动生产力。图为20世纪50年代，广州市郊粮食获得丰收，农民手捧谷子，喜上眉梢。

▲为打击封建残余势力，巩固人民政权，1951年7月25日，广州市委发出《放手发动群众，贯彻工厂企业民主改革的指示》，在城市厂矿企业、码头、内河航运、交通、邮电以及建筑业、手工业和商业等各行各业中，发动工人群众开展声势浩大的城市民主改革运动。图为广东造纸厂民主改革工作组和民主改革积极分子合影。

▼ 城市民主改革运动历时17个月，动员工人群众13万余人，肃清了残敌，壮大了自己，改革了制度，推进了生产，树立了党在人民群众中的威望，加强了党在工厂企业的领导，加强了工人阶级内部团结和在企业中的领导地位，使工人当家作主，进一步开展大规模生产建设和城市建设。图为广州自来水公司民主改革委员会成立。

◀ 从1951年12月开始，广州市在党和国家机关及企业中开展“反贪污、反浪费、反官僚主义”的“三反”运动。1952年1月，进行“反行贿、反偷税漏税、反盗骗国家财产、反偷工减料、反盗窃国家经济情报”的“五反”运动，运动巩固了工人阶级的领导权和国营经济的领导地位。图为广州“三反”“五反”工作队在广州胜利药房查账。

◀ 1953—1956年，广州市开展对农业、手工业、资本主义工商业的社会主义改造，建立起以公有制为主体的社会主义经济体制。1956年1月，全市10万个体手工业者走上合作化道路。图为广州木材加工业青年游行，庆祝全行业合作化顺利实现。

◀ 图为1956年，三元里农民前来广州市政府报喜，庆祝农业合作化胜利完成。

▼1956年1月的广州异常欢腾热闹。这个月，广州城里的资本主义工商业全部实行公私合营，手工业者全部参加手工业生产合作社，郊区农民全部参加了农业生产合作社。郊区的农民载歌载舞进城报喜，城区的工人欢天喜地到农村去联欢，手工业者举着彩旗游行。图为1956年1月29日，全市各界20多万人参加游行，庆祝社会主义改造胜利完成。

▲图为1956年公私合营庆祝大会。

第四节
难忘那年那月

新中国成立初期的广州，带着蓬勃的新生的气息，传来的是令人振奋的时代强音。从修复海珠桥到南方大学创办，从声援抗美援朝热潮到义务劳动大军的激情，无不留下一代人的青春芳华，留下一代广州人的集体记忆。

创办南方大学

▲1949年8月，毛泽东调任北平（今北京）市长叶剑英为中共中央华南分局第一书记，负责华南解放事宜。叶剑英提出干部缺乏问题，毛泽东指示要在南方办好一所大学，可定名为南方大学，并亲笔题写“南方大学”。于是创办“南方大学”成为新政权进广州要办的8件大事之一，并调集华北大学（今中国人民大学）的骨干，在江西赣州召开筹备会，开始南方大学的筹办工作。图为1950年南方大学第一期毕业典礼时的校门，也正是现在华南师范大学岗顶校门位置。

▶广州解放的9天后，华南分局又拨给广州东郊石牌的国民党政权“总统府”旧址为办学校址，南方大学进驻石牌校区。图为位于广州石牌的南方大学全景图，该位置即现在华南师范大学岗顶校区全貌。

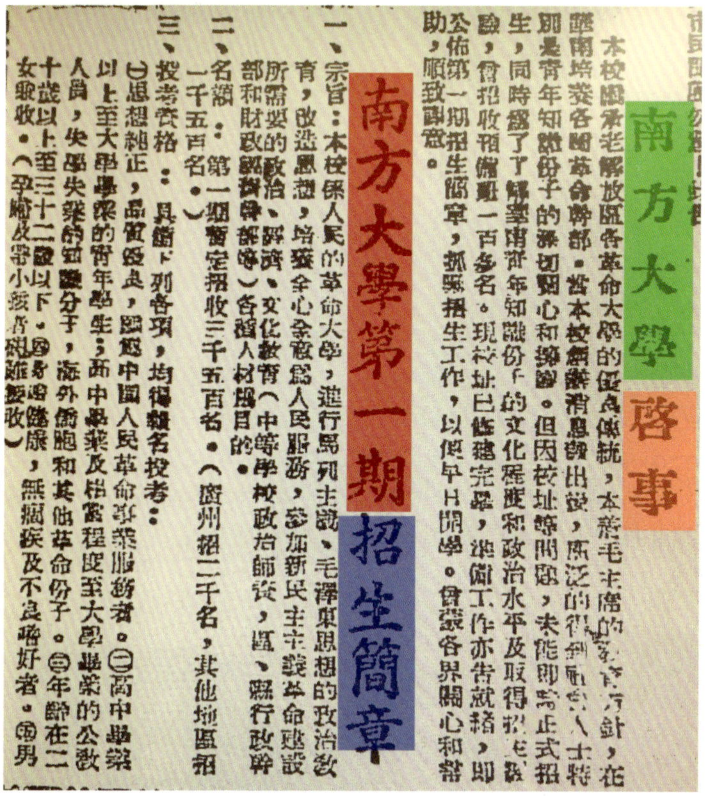

南方大學啓事

本校繼承老解放區各革命大學的優良傳統，本着毛主席的教育方針，在華南培養各種革命幹部。當本校創辦消息發出後，廣泛的得到社會人士特別是青年知識份子的熱切關心和擁護。但因校址等問題，未能即時正式招生，同時爲了了解華南青年知識份子的文化程度和政治水平及取得招生經驗，曾招收預備班一百多名。現校址已修建完畢，準備工作亦告就緒，即公佈第一期招生簡章，抓緊招生工作，以便早日開學。尚望各界關心和幫助，順致謝意。

南方大學第一期招生簡章

一、宗旨：本校係人民的革命大學，進行馬列主義、毛澤東思想的政治教育，改造思想，培養全心全意爲人民服務，參加新民主主義革命建設所需要的政治、經濟、文化教育（中等學校政治師資，區、縣行政幹部和財政經濟幹部等）各種人材爲目的。

二、名額：第一期暫定招收三千五百名。（廣州招二千名，其他地區招一千五百名。）

三、投考資格：具備下列各項，均得報名投考：

㈠思想純正，品質優良，擁護中國人民革命並願服務者。㈡高中畢業以上至大學畢業的青年學生；高中畢業及相當程度至大學畢業的公教人員，失學失業的知識分子，海外僑胞和其他革命份子。㈢年齡在二十歲以上至三十二歲以下。㈣身體健康，無痼疾及不良嗜好者。㈤男女兼收。（孕婦及帶小孩者概難接收）

▲南方大学于1949年11月中旬起开始招收预备班学员，这些学员是由党团组织在当时广州各高校抽调来的积极分子，后来成为南方大学学习骨干，有的成了学校工作人员。1950年1月1日正式开学，标志着南方大学正式成立。图为南方大学在《南方日报》刊登的招生启事。

▲创办南方大学最直接的影响是为刚刚成立的新中国培养了大批急需的干部和人才。从1949年10月南方大学首招185名预备班学员开始，至1952年10月结束，先后招收学生19273名。这些毕业生先后被分配参加广东土地改革、部队（包括抗美援朝的志愿军）、财经系统、文教系统、中共中央华南分局、广东省政府、广州及各地县的党政部门的工作。南方大学一、二、三、四期学员中，参加土改人数共4396人，占全校先后毕业学员总数的24.1%。图为1950年春节，南方大学全校师生到市区游行，校秧歌队扭着秧歌走出校门时的情形。

◀南方大学成立时，为了方便师生生活，在学校大门对面也即现在暨南大学西面、石牌东路东面开辟了一个生活区。生活区内有肉菜市场、百货商店、邮局、银行、饭店、粮店、理发店、新华书店等商铺，这些商铺都是国营商店。安置在这里居住的职工组成南方大学居民委员会，简称南大居委会。该居委会现在在石牌东路127号二楼。这也成为南方大学为数不多之遗痕。图为现南大社区居委会。

修复海珠桥

▶ 广州建城已有2200多年的历史，历史上的"河南七十二乡"仅仅是广州城珠江南岸的一片广袤乡村与农田。宽阔的珠江把"河北"与"河南"割裂开来。直到1933年2月15日，下午1时20分，开桥礼举行，在13位85岁以上老人的引导下，人们兴高采烈地走向"河南"。珠江上第一次有了一座桥——海珠桥。千百年来，广州人都是渡船到"河南"的，从此可以走路到"河南"。

▶ 海珠桥开通时，中间是可以开合的。图为打开的海珠桥。

▼ 国民党败退前夕，提出"总撤退、总罢工、总破坏"的口号，天河机场、发电厂、海珠桥被列入被炸毁对象。1949年10月14日下午5时30分，一声巨响过后，海珠桥被炸为两截，栽到江心。爆炸那一刻，大桥的钢梁、钢条、石块等在空中飞舞，有两条一米多长的钢条飞落在距离海珠桥两三百米以外的虎标永安堂大厦门前。在这次爆炸中，泰康路、一德路计有5幢民房被震塌；"河南"有3幢民房被震塌。死伤400余人。江面上沉船无数。被炸毁后的海珠桥分成三段，中间一段沉入江底，南北两段则插入水中。

◀新中国成立后，百废待兴，1949年底粤汉铁路抢修通车后，广州把修复海珠桥列为首要任务，由衡阳区铁路局代为重建。1950年7月中旬，海珠桥重建工程开工。12月5日，海珠桥正式开放通车。图为修复通车的海珠桥。

▲1974年，海珠桥扩建。扩建工程在原桥两侧各加宽11米，新旧桥既独立又连体。图为扩建中的海珠桥。

► 从1933年起，一直到1967年的30多年间，整个珠江两岸只有海珠桥一座桥。

抗美援朝

◀1950年1月初，广州开展大规模的抗美援朝运动，积极动员民众捐献飞机大炮，掀起参军参战热潮。广大工人和郊区农民开展增产节约运动，积极生产，支援前线。图为广州工人举行大游行，为抗美援朝捐献飞机大炮。

◀在抗美援朝的大潮中，很多学生纷纷参加志愿军，保家卫国。图为广州七中的学生参军出发前的合影。

◀1951年6月5日，中国人民志愿军归国代表到访广州，受到各界群众热烈欢迎，图为志愿军代表在叶剑英市长、朱光副市长陪同下与群众握手。

▶ 1953年7月29日，《广州日报》发文总结广州人民在抗美援朝运动中的贡献。3年来，189名医务工作者参加援朝手术医疗队，9批340多名铁路职工、41名汽车工人志愿援朝，捐献书刊20万册，青年工人和学生报名投考军事干部学校2.2万多人，全市各界人民捐献战斗机71架。图为广州人民准备慰问品送给志愿军的情形。

▶1958年，美国不断在台湾海峡制造紧张局势。台湾国民党当局在美国支持下，叫嚣“反攻大陆”。在中央“全民皆兵”号召下，广州掀起大办民兵师热潮。当年民兵发展到40个师，共76.8万人。图为广州市公共汽车公司民兵练习刺杀。

▶ 图为1959年，广州日报社民兵在报社篮球场训练卧射。

义务劳动

◀越秀山体育场最初是清军一个存放火药的地方。1907年这个弹药库发生一场大爆炸，留下了大坑，民国时期人们就在此处修建体育场。这是当年爆炸后一片废墟的情景。

▼直到新中国成立前，这个体育场还是破破烂烂。1950年3月，逾万名市民响应号召，组成义务劳动大军，用双手建设越秀山体育场。此后在此多次举办体育赛事和群众集会游行。图为修建时的场景。

▶ 在兴建纪念广州起义烈士的广州起义烈士陵园过程中，许多机关职工、部队官兵和学校学生积极参加义务劳动。从1957年9月19日至11月底，共有100多个单位17000多人次先后到陵园进行义务劳动，保证陵园建筑工程的提前完成。图为烈士陵园建成后，东华东街第一小学校少先队员向烈士陵墓敬献花圈。

▼ 1958年5月17日，市委、市人委发出《关于动员全市力量积极参加市政建设义务劳动的通告》。为完成白云山工程、越秀西湖（今流花湖）工程等第二期重点市政建设工程，市民群众每人每月自愿参加劳动一天。这是1958年群众参加义务劳动，在沼泽地开挖流花湖时的情形。

▲20世纪50年代的流花湖公园。

◀1958年5月，广州市提出“苦战三年，改变广州面貌”的口号。当时公布的五大工程之一是越秀东湖（今东山湖）工程，就是要在崩口塘地区修建一个人工湖。于是，第一项任务是征地。一共征用土地355亩，其中农田185亩，果菜园75亩，鱼塘95亩，拆迁房屋889幢，涉及1099户、4412人、10250平方米的建筑。图为中共广东省委干部在东湖北面挖塘泥。

◀经广州干部群众一年多的义务劳动，建成面积33多公顷、其中湖水面积20.9公顷的人工湖。湖的南北岸和中心各建16米宽长堤，湖中建5个半岛，湖内有一个湖心岛。当年这个最大的半岛被定名为“崩口塘半岛”。图为驻广州陆海空军部队的官兵们在越秀东湖旁为人民公社运送塘泥。

▼东濠涌发源于白云山的长腰岭，最终汇入珠江，是广州老城东城墙的护城河。历史上东濠涌的小北一带属于洼地，遇到大雨或者暴雨，小北一带就成了泽国。也因此小北被水淹的现象频频出现在报端：1932年7月29日，由下雨引起的山洪暴发，水势直冲城内，瞬间水位由原来的七尺涨到丈余，小北的大石街、小石街、天平横街、洪桥等处顿成水泽，水深及脐。解决东濠涌的问题一直是广州市的一大问题。新中国成立后，东濠涌得到彻底整治。图为1958年，人民解放军义务劳动，清理东濠涌。

英雄向秀丽

◀1958年12月13日晚，何济公制药厂女工向秀丽和其他工人在甲基硫氧嘧啶生产小组生产的时候，因打破酒精瓶，无水酒精流向附近煤炉而引起失火。当时情况十分危急，不但烈火迅速蔓延，而且该车间附近还堆放着几瓶金属钠。如果金属钠着火，便立刻会引起爆炸。在这紧要关头，向秀丽充分表现出一个优秀共产党员的高尚品质和英雄气概，独自忍受烈火烧身的痛苦，不让金属钠着火。她在救火中被严重烧伤。向秀丽受伤后，当晚即被送入市第三人民医院留医。到了第四天，基本过了休克关。为了便于治疗，她被转到市第一人民医院。1959年1月15日，终因伤势过重，壮烈牺牲。

◀1959年3月4日，共青团广州市委举办“向秀丽同志事迹展览会”，林伯渠、董必武、郭沫若等党和国家领导人为展览题词。从此向秀丽的英雄事迹传遍全国各地。图为媒体报道向秀丽事迹的版面。

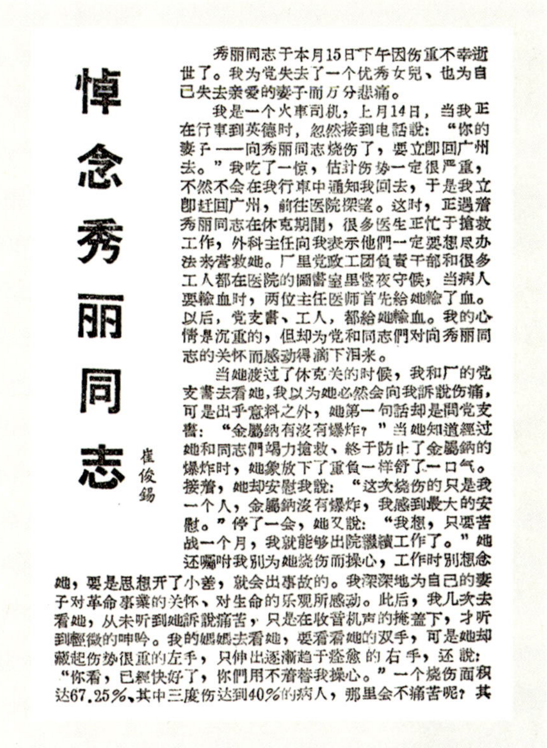

悼念秀丽同志

崔俊锡

秀丽同志于本月15日下午因伤重不幸逝世了。我为党失去了一个优秀女兒、也为自己失去亲爱的妻子而万分悲痛。

我是一个火車司机，上月14日，当我正在行車到英德时，忽然接到电話說：“你的妻子——向秀丽同志烧伤了，要立即回广州去。”我吃了一惊，估計伤势一定很严重，不然不会在我行車中通知我回去，于是我立即赶回广州，前往医院探望。这时，正遇着秀丽同志在休克期間，很多医生正忙于搶救工作，外科主任向我表示他們一定要想尽办法来营救她。厂里党政工团負責干部和很多工人都在医院的圖書室里整夜守候；当病人要輸血时，两位主任医师首先給她輸了血。以后，党支書、工人，都給她輸血。我的心情是沉重的，但却为党和同志們对向秀丽同志的关怀而感动得滴下泪来。

当她渡过了休克关的时候，我和厂的党支書去看她，我以为她必然会向我訴說伤痛，可是出乎意料之外，她第一句話却是問党支書：“金屬鈉有沒有爆炸？”当她知道經过她和同志們竭力搶救、終于防止了金屬鈉的爆炸时，她象放下了重負一样舒了一口气。接着，她却安慰我說：“这次烧伤的只是我一个人，金屬鈉沒有爆炸，我感到最大的安慰。”停了一会，她又說：“我想，只要苦战一个月，我就能够出院繼續工作了。”她还囑咐我別为她烧伤而操心，工作时別想念她，要是思想开了小差，就会出事故的。我深深地为自己的妻子对革命事業的关怀、对生命的乐观所感动。此后，我几次去看她，从未听到她訴說痛苦，只是在收音机声的掩盖下，才听到輕微的呻吟。我的媽媽去看她，要看看她的双手，可是她却藏起伤势很重的左手，只伸出逐漸趋于痊愈的右手，还說：“你看，已經快好了，你們用不着替我操心。”一个烧伤面积达67.25%、其中三度伤达到40%的病人，那里会不痛苦呢？其

◀“秀丽同志于本月15日下午因伤重不幸逝世了。我为党失去了一个优秀女儿、也为自己失去亲爱的妻子而万分悲痛。我是一个火车司机，上月(1958年12月)14日，当我正在行车到英德时，忽然接到电话说：‘你的妻子——向秀丽同志烧伤了，要立即回广州去。’我吃了一惊，估计伤势一定很严重，不然不会在我行车中通知我回去，于是我立即赶回广州，前往医院探望……”这是刊登在1959年1月22日《广州日报》上，向秀丽的爱人崔俊锡写的一篇文章的部分内容。

▼1959年1月28日，中共广州市中区委员会发出通知，在全区共产党员、共青团员和广大人民群众中掀起一个规模巨大的“纪念向秀丽、学习向秀丽”的宣传教育运动。从此，向秀丽成为广州乃至全国人民心目中一个英雄代表人物，一直至今。60年来，关于向秀丽的报道，仅仅《广州日报》至少报道133篇。2019年是向秀丽烈士牺牲60周年，为继续传承和发扬向秀丽精神，2019年4月1日，广州纪念“党的好女儿”向秀丽烈士牺牲60周年主题活动启动。通过祭奠先烈、举办展览、召开座谈会等多种形式，追忆革命烈士英雄事迹，学习向秀丽精神，凝聚奋进新时代的正能量。

激情岁月

◀1950年3月，逾万名市民响应号召，组成义务劳动大军，用双手建设越秀山体育场，于1953年建成。图为20世纪50年代初在越秀山组织体育表演会。

◀1950年5月1日，广州各界庆祝五一劳动节的青年游行队伍。

▲1954年7月2日，广州市召开第二届劳动模范代表大会。

▼1956年，广州各界群众举行集会，庆祝党的八大召开。

▲1957年4月28日，苏联最高苏维埃主席团主席伏罗希洛夫元帅访问广州，50多万名群众聚集在迎宾大道两旁欢迎。

▼1958年，海珠广场宣传活动场景。

第二章

崛起

广州

新中国成立后，
广州城区建设大规模向北、向东迈进，
地标性建筑不断被刷新。
进入21世纪，
广州建成区面积不断扩大，
从新中国成立初期约32.59平方公里，
增加到1293平方公里。
截至2018年，
全市下辖11个区，
总面积7434平方公里，
常住人口1490多万人。

第一节
从爱群大厦到海珠广场

新中国成立初期，广州的城市建设以恢复为主，其中就有修复海珠桥、重建“四大灾区”。在此过程中，历史上的长堤商圈重现，初步形成为广交会服务的海珠广场周围建筑群。

▲民国时期广州闹市的核心是长堤，特别是西堤，也即西濠口一带。广州第一座钢筋混凝土结构高层楼房大新公司就是其中的代表，1919年建成开业，是广州当时最豪华、楼层最高的建筑。该建筑在抗战时期被焚烧，1953年12月动工重建，1954年9月竣工，后改称南方大厦。1954年，南方大厦（当时称西堤百货商店）重新开张，成为广州商业地标，当时有“不到南方大厦，就等于没到广州”的说法。图为20世纪50年代珠江帆影，珠江河畔是重建后的南方大厦。

◀大新公司向东不远的地方，是被广州人公认的第一代地标——爱群大厦。爱群大厦于1934年在填筑海珠岛后出现的新填地上建成，1937年竣工开业，是广州第一幢钢结构仿美国摩天式高层建筑，以15层64米高度独冠南天，开广州高层建筑之新纪元。一直到1967年，爱群大厦都是广州第一高楼。图为正在建设中的爱群大厦全楼钢架构成情形。

◀新中国成立后，爱群大厦既是广州地标，又是重要涉外活动场所。1966年在东侧建18层新楼，与旧爱群大厦之间有天桥沟通。新大厦建筑面积1.2万平方米，比旧爱群大厦多2750平方米。楼高67.27米，比旧爱群大厦高3.27米。20世纪60年代爱群大厦更名为人民大厦，1985年3月复名。1984年在16楼加建了一个旋转餐厅，被称为“闹市中心空中楼阁”。图为扩建后的爱群大厦。

▲爱群大厦位于新填地的西端，离新填地东端不远的地方则是海珠广场。可以说海珠广场见证了近百年来发生在广州的许多大事。1933年海珠桥建成，桥北岸这块地方愈加繁华，很多果栏和菜栏集聚于此。1938年日军占领广州前，对广州展开轮番轰炸，其中海珠桥北就是重点轰炸目标，以至这里在战后成为广州著名的“四大灾区”之一。图为20世纪30年代末遭日军空袭后的海珠桥北岸，即今海珠广场位置。

▼1950年7月，政府启动灾区重建计划，组织人力拆除周边残破民房，使北自维新路（现称起义路）口、南至珠江、西至五仙门发电厂、东至回龙路区域成为宽阔干净的空旷之地。1951年，广州第一个交通绿化广场正式建成。由于广场位于海珠桥北端又在昔日海珠石附近，因此被命名为“海珠广场”。图为1951年刚建成的海珠广场。

▲1953年广州市开始对海珠广场进行建设规划。图为1958年广州市新建改建海珠广场规划设计示意图。

▲1957年3月，海珠广场东边的华侨大厦（今华厦大酒店）建成，是广场周边最早建成的大型建筑，在没有“27层”（广州宾馆）之前，华侨大厦顶楼是附近一带的制高点，设有保卫海珠桥的高炮。它是广州第一座以接待华侨侨眷为主的宾馆，建成之初只接待港澳台同胞和外籍华人。“海外归侨，站立楼头，望着那英雄石像。想今时，回忆过去，不禁热泪盈眶。海外半生，受尽欺凌，流离浪荡……”当年一首粤曲《珠海丹心》，唱出了不少华侨的心声。图为1957年的华侨大厦。

▶1959年广州解放10周年时，朱光市长提议建广州解放纪念雕像。1960年10月14日举行广州解放纪念雕像奠基仪式，两个月后雕像由雕塑名家尹积昌设计、用花岗岩雕成，矗立于海珠广场中央：一名解放军战士肩挎小米袋，一手紧握步枪，一手捧着鲜花，微笑着凝视远方。像座刻有叶剑英题词“一九四九年十月十四日解放纪念”。其和海珠广场景观以“珠海丹心”后被评为“羊城新八景”。图为1960年建成的广州解放纪念像。

▼生活在附近的居民早已习惯每日在战士雕像的注视下欢歌劳作，以安居乐业回报当年曾以血肉之躯为广州解放奋勇拼搏的解放军战士。20世纪60年代，广州解放纪念像被拆毁，直到1980年，纪念像又以崭新面貌矗立在珠江畔。图为1980年7月，广州各界隆重举行重新修建的广州解放纪念像落成仪式。

▲在海珠广场周边，除著名的广交会展馆外，还有一座“27层”。1957年首届广交会举办，为解决参加广交会宾客住宿问题，在周恩来总理亲自过问下，1966年4月，广州宾馆兴建工程在海珠广场东北角动工。1967年10月竣工，共27层，高86.51米，是当时广州第一高楼，成为广州第二代地标，老广们都骄傲地叫它“27层”。图为二十世纪六七十年代广州宾馆雄姿。

▶二十世纪六七十年代，以广州宾馆为背景照相成为时尚。

▶1968年4月，参加春季中国出口商品交易会的日商作为广州宾馆首批旅客住进27层大楼。“27层”不仅解决长期以来困扰广交会宾客的住宿紧张问题，也成为广州一景。图为1974年海珠桥畔，人们在一起学习情景，照片中可以看到海珠广场、海珠桥、广交会旧址、广州宾馆。

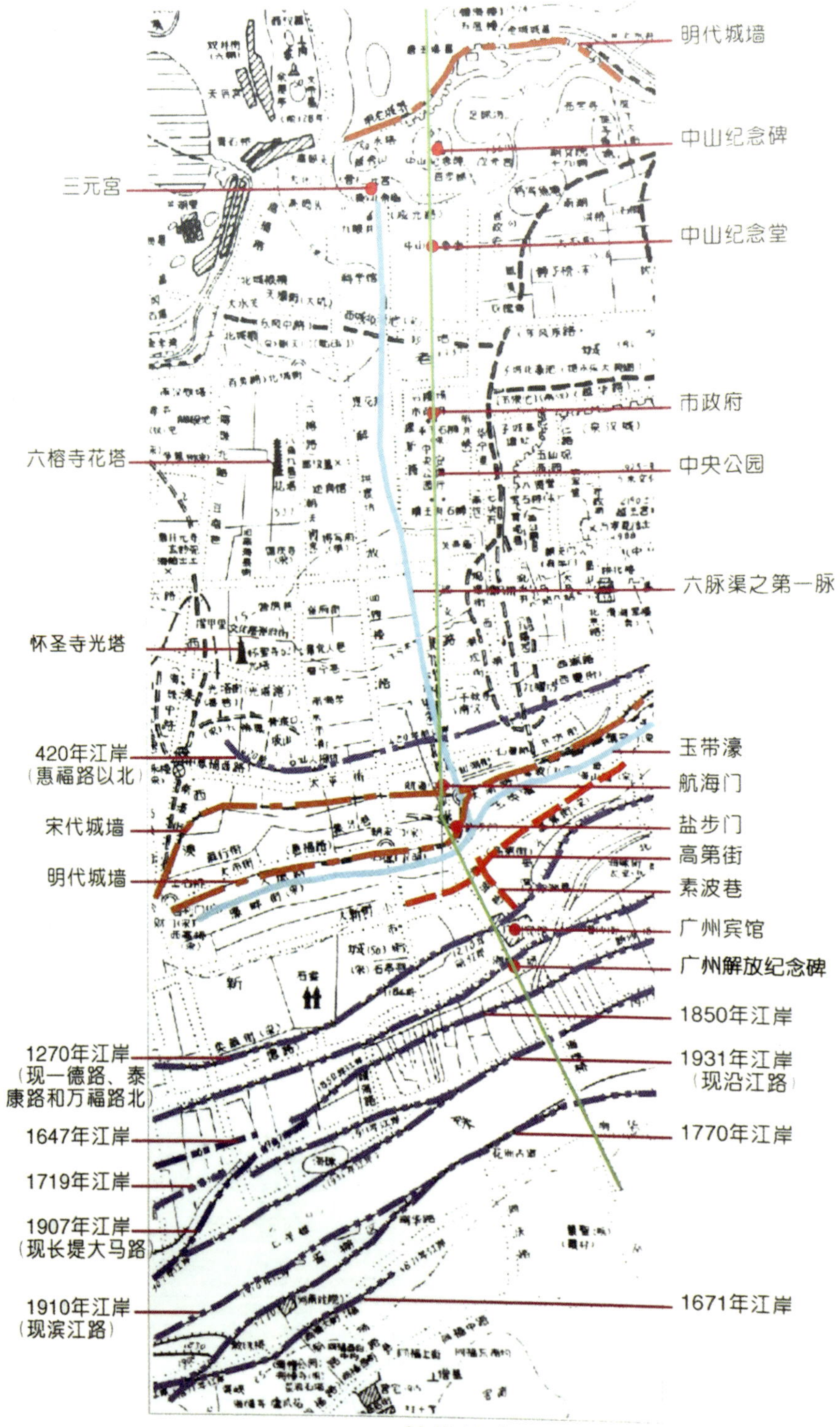

轴线演变过程示意图

◀广州城市中心背靠越秀山，南临珠江，山环水抱，灵秀之地，方位历2000多年不变。在二十世纪二三十年代大规模城市建设中，形成一条南北向的近现代传统城市中轴线，北起越秀山镇海楼、中山纪念碑，沿中山纪念堂、市府合署、今人民公园、广州城市原点标志、起义路，最后到海珠广场、海珠桥至珠江，总长约3.3公里。从越秀山顶到珠江之上一连串的标志性建筑，一条扁担担起山和水，确定了广州城市云山珠水的结构秩序。图为传统中轴线演变过程示意图。

▶图为1993年传统中轴线北段鸟瞰图。该传统中轴线，见证广州2200多年的历史变迁。

▶今天的海珠广场再次迎来变革，将“打造文化金融CBD”，一座超甲级写字楼星寰国际商业中心将在2019年底投入运营，新增30万平方米高端办公场地。未来海珠广场将把地下商业和地面公园融为一体，打造一个地下地上人流自由穿梭的活力乐园。图为海珠广场新的规划图。

第二节
流花地区外贸建筑群

民国时期，广州城市建设首先是东扩，但是东扩到达道路一带后就停下了脚步。新中国成立后，广州城扩建并没有延续东扩步伐，而是突破北门，沿越秀山西侧和北侧开始扩张。20世纪70年代，在广州城北流花地区出现流花建筑群。

▲2200多年来，广州城的建设从来没有突破大北门，所以大北门外一直是乱葬岗集中的地方。图为清末广州城大北门外双山寺，也是民国时期一个著名的庄房。

▲图为清末正北门外木壳岗（今五羊雕像位置），可见正北门城楼及瓮城全景，近处是正北门外的双山寺，远处可见六榕寺花塔。

▲图为20世纪50年代，越秀山象岗山流花桥一带风貌。

►20世纪60年代和70年代初，参加广交会的来宾越来越多，广交会场地缺少。在周恩来总理关心下，广州外贸工程立项，国家拨专款6000万元兴建中国出口商品交易会展馆、扩建东方宾馆等广交会配套设施。1961年10月开馆的羊城宾馆，主要是为满足1957年开始的广交会中外宾客的住宿要求，其装修与设备均为当时国内最高标准，是广州最早配备中央空调的酒店，卫生间使用英国进口洁具，家具为捷克斯洛伐克风格，舞厅地板是从柬埔寨进口的。图为1961年的羊城宾馆。

►1966年8月，羊城宾馆改名东方宾馆。1973年10月，在旧楼西侧建成4.56万平方米的新楼。此后20多年，东方宾馆在中国酒店业发展史上创造了无数个第一：第一家国营五星级酒店、第一家引进卡拉OK的酒店、第一家有轻音乐茶座的酒店。图为1974年建成的东方宾馆新大楼。

▲1956年，广州市市长朱光指示要创作一座能代表广州形象的标志性雕塑。1960年5月1日，由尹积昌、陈本宗、孔繁纬创作，高达11米的花岗岩城市雕塑五羊石像建成，矗立于越秀公园内越秀山木壳岗。五羊大小不一，姿态各异，造型优美，成为广州城市标志。再现了“羊化为石，把稻穗赠给广州人”的传说。2010年在广州举行的第16届亚运会会徽图案即取材于此石像外形并抽象为火炬图案。图为五羊石像今貌。

▼友谊剧院的设计初衷是服务于广交会，为迎接国内外来宾，展现中国的传统文化和广州文化魅力。1965年8月16日揭幕，1987年冬全面改建。周恩来总理曾几度莅临友谊剧院，对剧院的园林布局极为赞赏。图为1965年建成的友谊剧院。

▲城北的建设包括几大建筑:1974年4月投入使用的广州新火车站和几乎同时投入使用的广交会流花展馆以及1973年建成的流花宾馆和1975年建成的邮政枢纽大楼。图为1974年新建的广州火车站及周围,现在繁华的环市路当时还是一片荒山野岭。

▲图为1973年建成的流花宾馆。

▲图为1975年建成的邮政枢纽大楼。

▲城市建设离不开道路建设，在城北成为一片热土的时候，大北立交桥出现了。它是为配合白云机场而建的，不仅仅是广州第一、广东第一，也是全国第一座城市立交桥。图为1964年建成的大北立交桥。

▼尽管有流花展馆、东方宾馆新楼、流花宾馆和白云宾馆等，城北的居民还是比较少。图为1975年人民北路，当时行驶在路上的机动车还很少。

▼流花地区建筑群风格非常协调，与二十世纪60年代建筑最大的不同在于“脱离了乡土建筑的风格，最明显是在向西方靠拢”，其现代主义建筑风格在全国同时代建筑中具有标杆意义。流花地区建筑群在当时极具象征意义，代表了二十世纪六七十年代广州城市建设成就。图为二十世纪70年代羊城新姿（流花地区）。

第三节
20世纪80年代环市路建筑群

20世纪70年代末，环市路还是广州北部边缘地带。当时的环市路不算宽但很直，路上汽车与行人寥寥无几。路两边还是一片片菜地，菜农扛着锄头在地里耕作。1976年，新的地标——白云宾馆（“32层”）建成。1978年，中央投入近200万元建设友谊商店新大楼，在白云宾馆隔壁开业。这两个外贸工程项目奠定了环市东商圈发展基础，城市开始向东发展。

▲讲述环市路建筑群的发展，不妨从天胜村说起。天胜村前身叫天圣岗——天主教坟场圣山名称的延续。第二次鸦片战争后，西方宗教在广东传播速度加快。1863年（清同治二年）由法国天主教徒在广州大东门外淘金坑购地献给教会作为天主教徒坟场，此地几处山岗被命名为天主教圣堂山、圣山、番鬼山、入教村等地名，后演化为天圣岗。天圣岗旁边的四川义庄，就是现在广东实验中学越秀学校大致位置。1954年政府征用天主教坟场用地设立一所新的公立学校，即当时的第二十一中学。建校初期筚路蓝缕，建筑物有10幢左右，此时没有明显学校校界。图为1954年建校时候的状况，这应该是新中国成立后出现在广州环市路上较早的一批建筑。

▶新中国成立初期，21中隔壁是圣婴院，于清宣统元年（1909年）在大新路创立。后因场地狭小，1933年在淘金路另建新院，有楼舍3座，园地100多亩。1972年为适应广交会需要，圣婴院建筑被拆除，兴建成一座高档宾馆，就是现在的白云宾馆。图为白云宾馆最初设计效果图。

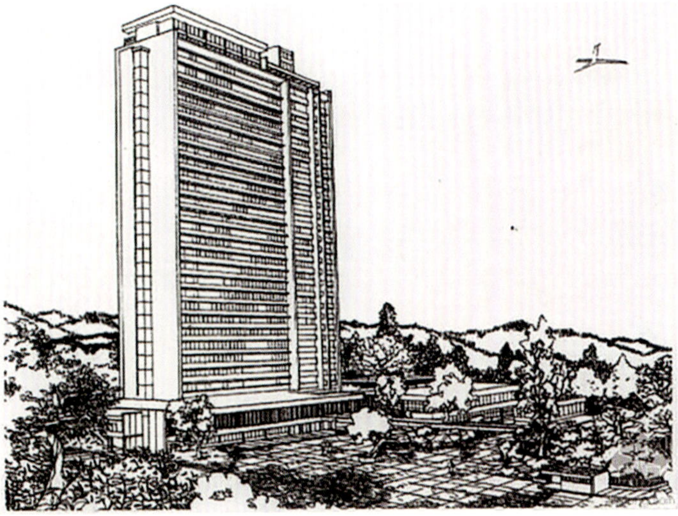

▶白云宾馆于1973年动工，1976年6月建成开业，主楼33层，高114.05米，建筑面积591万平方米，是当时中国内地首栋超过100米的高楼。白云宾馆作为广州第一高楼的纪录保持10多年时间，也是广州第三代地标。图为刚刚建设好的白云宾馆。

▶那个时候广州高楼还很少，经常有一些市民好奇地站到楼下，仰起脑袋一层一层往下数。“哇，有32层！”（顶楼没算进去）这是当年人们对这栋楼最普遍的一句感慨，于是“32层”成了白云宾馆的代号。图为白云宾馆建成后在周围楼房中鹤立鸡群的景象。1983年白云宾馆向市民开放，亲朋好友结伴到白云宾馆喝早茶休憩成为一种时尚。

▼作为当年全市最高的标志性建筑，白云宾馆在曾经的田野山岗上崛起。站在白云宾馆楼顶观望，整个市区一览无遗，珠江像美丽的玉带一样穿城而过，市区四周全是菜田和山岗。可以说，有了白云宾馆这个新地标，才开始了环市东路的发展，成为城市向东拓展的开端。图为1974年的环市路。低矮的楼房，宽阔的马路、单车道，两排绿化树，构成马路的景色。

▲环市路建筑群另一个重磅建筑就是花园酒店。20世纪80年代前，花园酒店所在地名叫“乌龙岗”，在当时全国最高建筑物白云宾馆的南面，是一块菜地，属黄华塘村农田（后合并入农林大队）。当时香港第一位华人议员利铭泽几经周折来到这块菜地前，提出“要建设中国最大、最好的花园式酒店”。图为花园酒店建设前的原貌。

▶图为1951年广州市政府发给黄华塘村民的该地段的土地证。

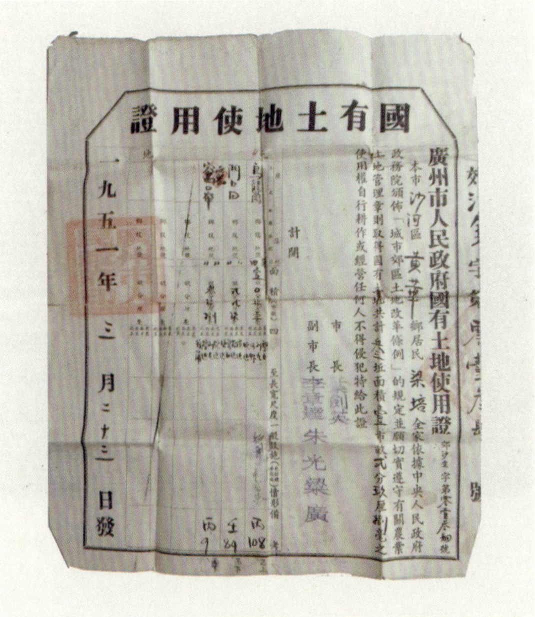

國有土地使用證

廣州市人民政府國有土地使用證

本市沙河區黄華鄉居民梁培全家依據中央人民政府政務院頒佈「城市郊區土地改革條例」的規定並願切實遵守有關農業土地管理章則

使用權自行耕作或經營任何人不得侵犯特給此證

市長

副市長 朱光

一九五一年三月二十三日發

◀花园酒店是中国改革开放后第一批引进外资建设、国内规模最大且配套完备的多功能酒店，是全国三家白金五星级饭店之一，被誉为“改革开放的硕果”。大量的壁雕、壁画、装饰反映了中华民族悠久的历史文化，是岭南派建筑代表作。图为正在建设的花园酒店。

◀1984年10月，花园酒店建成。时至今日，很多老广依然喜欢到这里宴客，一是因为“花园”寓意花好月圆，圆圆满满；二是大型宴会厅在20世纪80年代非常少见，在那里摆酒，主人家会很有面子。图为建成后的花园酒店。

►随着环市路的成形，路北有白云宾馆，路南有花园酒店，但是前进的步伐不会停止。如图所示，该图左下角的一块巨大空地预示着新的广州地标的诞生，即广东国际大厦。图为“63层”建设前的地块。

►1991年，广东国际大厦建成，成为广州第四代地标。主楼63层，高200.18米，是当时全国最高、层数最多的大厦，广州人习惯称之为“63层”。2018年11月24日，入选“第三批中国20世纪建筑遗产项目”名录。图为大厦雄姿。

◀1992年，广州第一家麦当劳在“63层”开业。时至今日，不少“80后”老广依然记得在“63层”吃到的人生第一个汉堡。图为麦当劳开业时的盛况。

◀二十世纪八九十年代，在珠江新城、天河北商圈建成前，广州CBD最初是环市东商圈。1988年，白云宾馆旁边兴建120米高的广州世界贸易中心大厦；1989年，楼高110米的三星级文化假日酒店开业，高楼大厦一字排开。白金级五星酒店花园酒店、第一家麦当劳、第一家友谊商店、第一高楼“63层”、淘金路金融街、第一家星巴克、为数不多的奢侈品商场丽柏广场都在这里陆续建立起来，奠定了环市东商圈成为广州首个CBD的地位。这里成为广州最高端商务区，也是广州人认识世界奢侈品首选地。如今，两旁建筑物一幢比一幢宏伟漂亮，写字楼林立，酒吧一间挨着一间，被称为“广州的中环”。图为1986年的环市路。

第四节
天河城板块崛起

广州城现有两条中轴线。历经千年历史形成的越秀山至珠江传统城市中轴线，是广州历史的沉积和近代史的缩影，而新的中轴线形成仅仅用了不到30年的时间。从1987年第六届全国运动会主会场的出现到2010年为举办广州亚运会而建设的广州塔，一片纵贯南北的现代建筑群让古老的广州焕发出新的光彩。新的城市中轴线是广州现代化的象征，展现出一个国际化广州的风采。

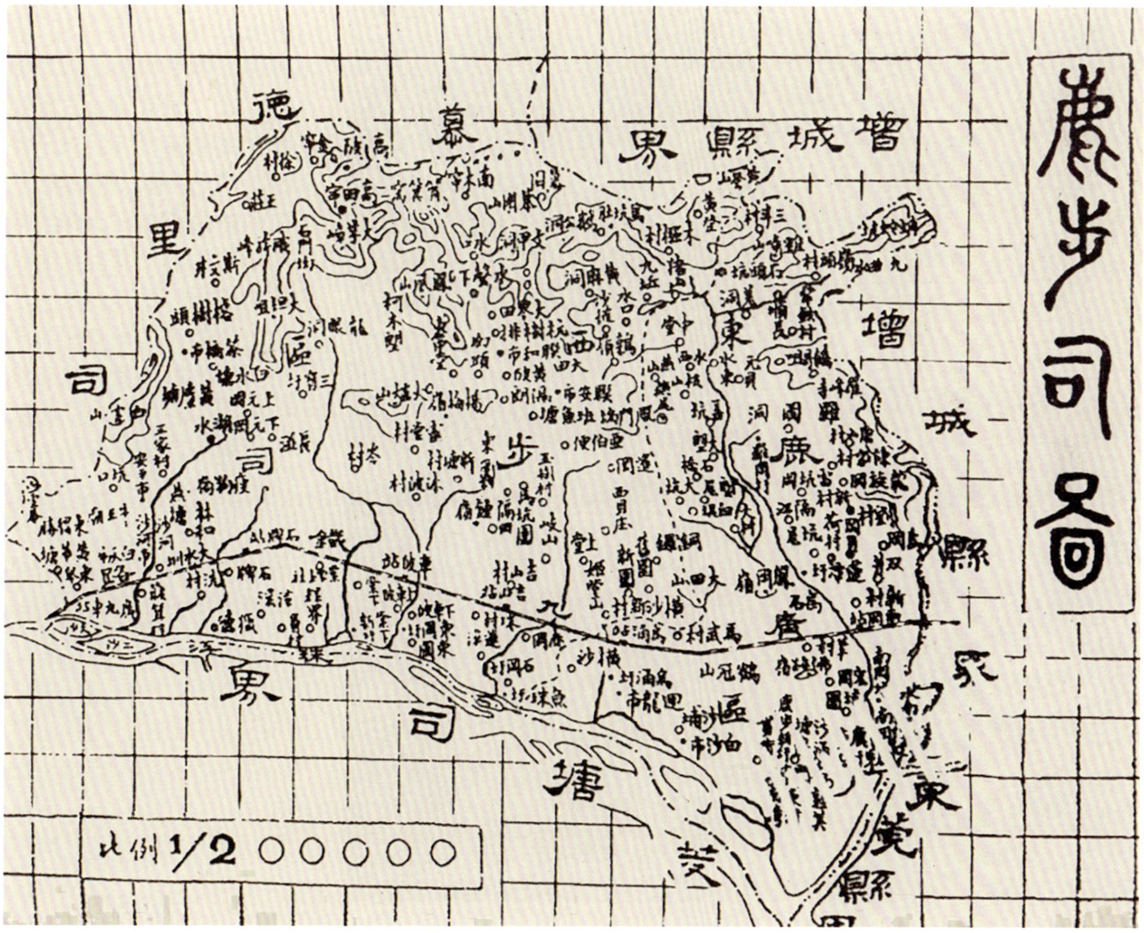

▲民国时期，广州城出了东山口，就是大片农田，如今繁华的农林路就是20世纪80年代沙河公社农林大队，再往东，就是杨箕村、天河村、石牌村、冼村。天河区的大部分区域在民国时期属于番禺县鹿步司范围。图为当时鹿步司地图。

◀新中国成立后的相当长一段时间，现今的天河岗顶长有半人高的马尾草，人们骑单车从石牌岗顶华南师范学院出来，生怕撞上人，因而要不停地打响车铃。岗顶最热闹的是石牌东路，但除农贸市场外，铺面也只有十家八家。中山三院那时也只是一个两层的门诊部，入夜就冷冷清清。图为1978年新华书店送书到石牌村。

◀1931年建成的天河机场也称瘦狗岭机场，因为邻近天河村而得名。新中国成立后曾作为民用机场一度热闹非凡。由于地域限制，随着（旧）白云机场扩建，1959年，天河机场逐渐丧失机场功能。1968年起停止使用，改作仓库。那时天河机场一片荒芜，四周是圆拱形水泥飞机库，长满一米多高芒草，人迹稀少。图为1955年天河机场航拍图。从图中可以看到周边都是农田，还有冼村、天河、石牌、杨箕、猎德等村落。

天河体育中心今天举行奠基典礼

工地土地交接协议书昨天已在省府签字

长、筹建天河体育中心领导小组副组长赖竹岩，昨天在天河机场土地交接仪式上高兴地宣布：天河体育中心动工准备工作已就绪，4日上午正式举行奠基典礼。

赖竹岩同志说，天河体育中心的建设问题不仅为全省人民关心，而且引起了全国人民的重视，他们就如何建设好体育中心提出了很多好的建议。这次体育中心能顺利、按时动工，是部队同地方共同努力的结果，是与省、市有关部门在人力、物力、财力上大力支持分不开的。天河体育中心施工任务重、时间紧，最迟要在1987年年头交付使用。现在已有十台打桩机进入现场，并已打下五十多条桩。水、电也按时输送到工地，保证了体育中心的施工。为天河体育中心担负输送任务的公路，中山路立体交叉及广州大道也将同时动工。

又讯 广州天河机场土地交接协议书签字仪式，昨天上午在省人民政府举行。

省委、省人民政府负责同志对天河体育中心的筹建工作非常关心并多次作了重要批示。在省人民政府和广州军区的主持下，由广州军区空军和广州市政府及有关单位组成天河机场交接小组，对天河机场土地使用的历史现状，进行了认真的调查和反复研究协商，最后达成交接协议书，为天河体育中心按时动工奠定了基础。

出席签字仪式的有广东省副省长刘俊

▲1983年10月1日，第五届全国运动会在上海闭幕。闭幕式上，广州市接过全运会会旗，寓意全国第六届运动会将于1987年在广州举行。这是广州市第一次举办全国性的运动会，因而计划在天河机场旧址上兴建体育中心，这也直接促进了天河区的成立。随即天河机场地块正式移交给广州市政府管理。图为1984年7月，由省政府和广州军区联合主持，举行广州军区空军向广州市政府移交天河机场交接仪式时的相关报道。

▲20世纪50年代初，天河机场旧影。

▲1984年7月4日，在天河机场原址兴建天河体育中心，于1987年8月30日落成。总占地面积52万平方米，是当时广州最大的体育场地，在全国开创同时建成体育场、体育馆、游泳馆三大场馆先河。2018年11月24日，入选“第三批中国20世纪建筑遗产项目”名录。图为建设中的天河体育中心。

◀ 筹建之初，人们是这样想象以后天河城板块的：坐落在现在的天河机场上，方圆250万平方米，由商业、旅游、娱乐、体育四大中心组成；城区内高楼林立，商业中心由连绵的建筑群组成，吃、住、玩、用，一应俱全；与广州珠江第三桥（广州大桥）连接的广州大道贯穿天河区南北；东西走向的天河路经拓宽后也会与东风东路接通。图为从另一个角度看建设中的天河体育中心。

▼ 蓝图确实在一步一步实现。为配合六运会及天河体育中心而建的中山一立交，把当年仍是郊外的天河和环市路连接在一起。图为建成不久后的中山一立交。

▶ 到1987年11月，机场跑道已成为体育场，而副跑道则被改造为天河北路。图为1987年8月30日，天河体育中心举行落成庆典。

▶ 图为20世纪90年代天河体育中心远眺。

▶ 天河体育中心成为广州城市文化标志性建筑，成为广州新的城市中轴线上标志性建筑。广州新的城市规划以“天体”中轴线为中心，城市经济重心开始由越秀区向天河区转移，进而带动天河新城区迅速发展，一举奠定广州后来30年甚至更长远时期的发展格局。图为1995年即将封顶的中国市长大厦。

◀ 1997 年，新一代广州地标——中信广场诞生。主楼 80 层，高 391 米，比白云山摩星岭还要高。不仅是当时广州最高地标性建筑、广州新中轴线起点，更荣登 20 世纪 90 年代中国第一高楼，一度成为亚洲第一高楼。其整体建筑像一只张开翅膀的鸟，高贵典雅，气宇非凡。很多全球 500 强公司在此办公，在此上班成为当时“高级白领”的象征。图为正在建设的中信广场。

◀ 图为夕阳下的中信广场。

▲随着天河北CBD规划，20世纪90年代后，大都会广场、市长大厦、维多利广场等一大批楼高150米以上建筑在中信广场周围拔地而起，成为中国300米以上摩天建筑最密集的地方，也是广州地区世界500强企业最密集区域。从2000年开始，新中轴线慢慢形成。图为中信广场远眺，后来崛起的珠江新城在当时还是一片绿油油的农田。

▼以中信广场为中心，天河北写字楼集群崛起。与此同时，天河商圈开始悄然生长。1996年，天河城开业，一座座巨无霸商城在其周围生长，购书中心、正佳广场、广百中怡、太古汇……国际大都市商业格局形成，体育中心周围的天河城板块营造和散发出越来越强烈的都市氛围和都市魅力。图为今天的中信广场和天河体育中心一带。

第五节
新世纪新高度

如果说20世纪80年代由天河体育中心发轫的天河城板块的出现，奠定了广州城市新中轴线基础，进入新世纪，该板块自北向南推进而崛起的广州新城——珠江新城，借助2010年广州亚运会的东风，让广州城在千年古城东部形成了一个新的城市中轴线。两个板块自然衔接为一体，也印证了新中国成立70年来广州的历史巨变，同时广州也诞生了新地标——广州塔。

▲居住在如今珠江新城地块的居民大多数最早从宋代开始迁徙到这里，并逐步形成猎德村、冼村、潭村以及杨箕村、寺右村等。千百年来，他们以沙河涌为水源，繁衍生息。图为20世纪50年代的猎德村。

▲图为珠江新城开发前1992年的面貌，还是一片田园风光。

▲20世纪90年代，珠江新城开始规划。1993年，珠江新城综合规划方案实施。北起黄埔大道，南至珠江，西以广州大道为界，东抵华南快速干线，面积6.4平方公里，计划建设成为广州新城市中心区。图为20世纪90年代从天河体育中心远眺建设前的珠江新城地块。

◀2000 年 4 月，新城市中轴线北端规划出台。北起白云山余脉燕岭公园，经火车东站、中信大厦、天河体育中心、珠江新城、花城广场、海心沙到珠江，再经广州塔、赤岗塔到万亩果园，南至海珠区南海心沙岛，全长 12 公里，以广州新电视塔为界分为南北段。图为 1999 年珠江新城中轴线，当时尚看不到轮廓。

◀图为 1999 年 4 月，如今的美国驻广州总领事馆区域当时还是一片空旷的草地，常有村民放羊。

◀2003 年，《珠江新城规划检讨》公布，确定珠江新城 CBD 定位。此后，珠江新城地块飞速发展，广州塔、珠江新城“双子塔”西塔、广州大剧院等新城市中轴线珠江段各项建设陆续启动。图为 2005 年岁末，冬天的新城中轴线由北南望，荒草茫茫，远处的工地是在建的广州国际金融中心（俗称西塔）。

▲在广州城市中轴线和珠江新城景观轴交汇处，建起广东省博物馆、广州大剧院、广州图书馆和广州市第二少年宫、双子塔(西塔和东塔)以及电视观光塔(广州塔)，构成珠江新城七大标志性建筑，以及花城广场、海心沙市民广场等。图为2009年，城市中轴线已显雏形。

▼乘着亚运会的东风，珠江新城快速形成。图为2010年，城市中轴线渐露芳容。

▲2009年，形似“小蛮腰”的建筑广州塔，以600米高度成为广州最高建筑，是国内第一、世界第二高塔，成为广州最具特色新地标，与江北中轴线正中的80层中信广场遥相呼应，成为“羊城新八景”之首。其头尾相当，腰身玲珑细长，因为塔身弧度优美，被人们亲切地称为“小蛮腰”，入选福布斯2016年全球20大文化地标之一。图为在云雾之中的广州塔，塔顶远眺珠江新城。

▼登上广州塔，俯瞰全广州，“荡胸生层云”的激情油然而生。看到广州塔，就找到了方向。它位于广州新中轴线与珠江景观线交汇处，作为新的城市天际线，是展示广州城市形象最佳窗口。它虽是超高层建筑却不高冷，向社会、向世界传递有高度、有温度的广州形象。白天见证百业繁荣，晚上守护万家灯火。来广州的游客都坚信，没登过广州塔就不算到过广州。搭摩天轮，在旋转餐厅就餐，以繁华的广州景色为背景拍照，成为广州一日游的豪华套餐。图为广州塔顶的摩天轮。

▶广州国际金融中心简称“IFC”，2010年竣工，地上103层，高432米，广州第一高楼纪录再次被刷新。设计理念为“通透水晶”，采用三角形通透平面，让人可以最大限度地观赏珠江美景。在西塔上远眺，以花城广场为中心的城市新中轴线仿佛一条绿色飘带，飞扬在母亲河珠江之畔。作为广州城市和经济地标，自2012年开业以来，吸引世界500强企业、全国500强等共509家企业入驻，从业人员8000多人，年纳税额10亿元以上。图为西塔夜景。

▼2014年10月28日，广州周大福金融中心（俗称东塔）封顶，广州第一高楼纪录再次被刷新为530米。其外观按不同功能定位分为三节且呈节节高升之势，从地面仰视一、二节间的连接处，视觉延长线恰好到达广州塔顶端。东塔是广州目前体量最大的国际性超甲级写字楼，被40家甲级写字楼、6家五星至六星级酒店、5个文化地标、众多外国领事机构、外资企业及高端住宅群所环绕，与西塔一起形成“双子塔”。图为东塔远眺。

◀东塔、西塔、广州塔组合成十字形新中轴线。站在花城广场中央仰望，超过9座以上300米以上高楼，十几座200米以上高楼环绕其间，是中国300米以上高楼最集中区域，花城广场成为新的城市会客厅。珠江新城已成为广州经济、金融、商务活动新中心，聚集140个世界500强企业、184家项目机构、超过100家总部企业及全广州70%金融机构和90%外资银行，彰显出枢纽型网络城市的开放多元。图为南望广州新中轴线上“双子塔”。

▼高层地标往往是城市中轴线的焦点。新中国成立70年来，“广州高度”屡次变更，新的地标高楼集聚在城市新中轴线上，见证了广州新城市中轴线的形成。以广州塔为中线，珠江隔岸两侧东塔、西塔构成广州的“双子塔”，集合山、水、人文和自然景观，更集中太多的广州之最——最高的摩天大楼、最大的地下空间、最大的市民广场、最好的文化建筑以及最繁华的中国三大CBD之一的珠江新城中央商务区。广州塔、东塔、西塔，中信广场，撑起一道亮丽的城市新中轴线图景，广州最繁华的经济带和最古老的一条江交汇，传统与现代交融。把广州从省会城市推向影响整个世界的现代大都会，呈现一座迈向全球化城市的气象。图为广州新中轴线一景。

第六节
区划变迁

70年来，广州市行政区划有过20多次调整。行政区由新中国成立之初的28个调整为现在的11个，广州建成区面积从新中国成立初期约32.59平方公里，增加到如今的1293平方公里。

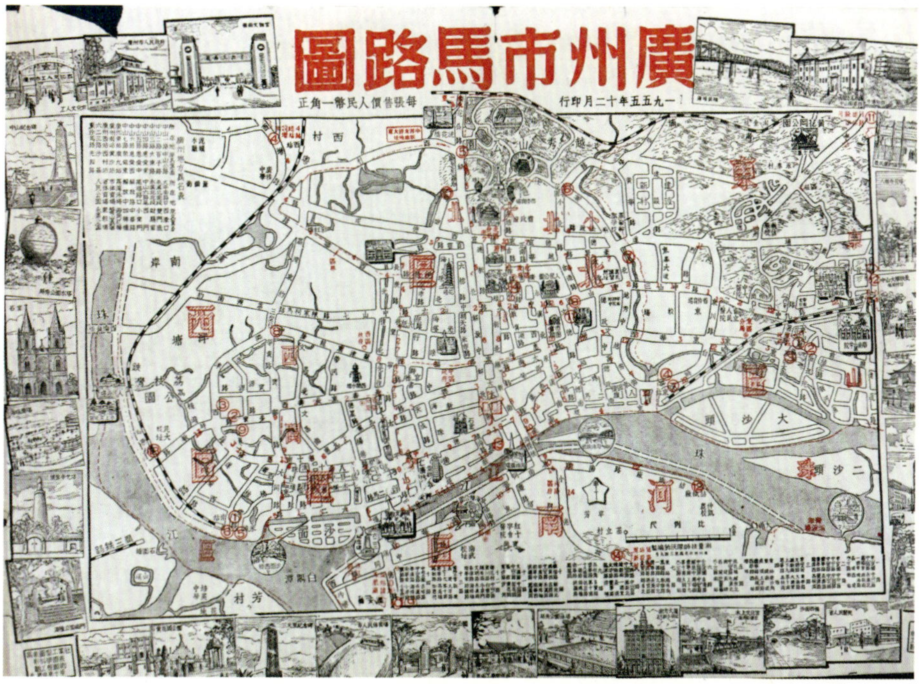

▲1921年广州市成立前，广州城由番禺县和南海县分治。两县界限由城中心划分，大致是以双门底（今北京路）至小市街（今解放路）为分界线，以西属南海，以东属番禺。1921年2月15日，广州市正式成立。20世纪30年代前后，番禺县衙和南海县衙先后迁出广州城。1930年8月，原属南海、番禺两县的部分乡村连同户籍正式划入广州市管辖。广州市辖区内以警区为界限，不同时期有所不同，大致维持在25~28个警区之间。新中国成立以来，广州市行政隶属关系和行政区划设置一直在变化。广州市先后经历过中央直辖市、广东省管辖、计划单列市、副省级城市等阶段。除了行政地位变迁，广州市行政区划至今已历经20多次调整。新中国成立初期，划分为28个区，其中城区20个，郊区7个，水上区1个（珠江区）。图为1955年的广州市地图，可以清晰地看到五大中心区的划分情况。

◀图为新中国成立初期广州市特有的一个水上区——珠江区1953年区首届人民代表大会选出广州市首届人民代表大会代表。

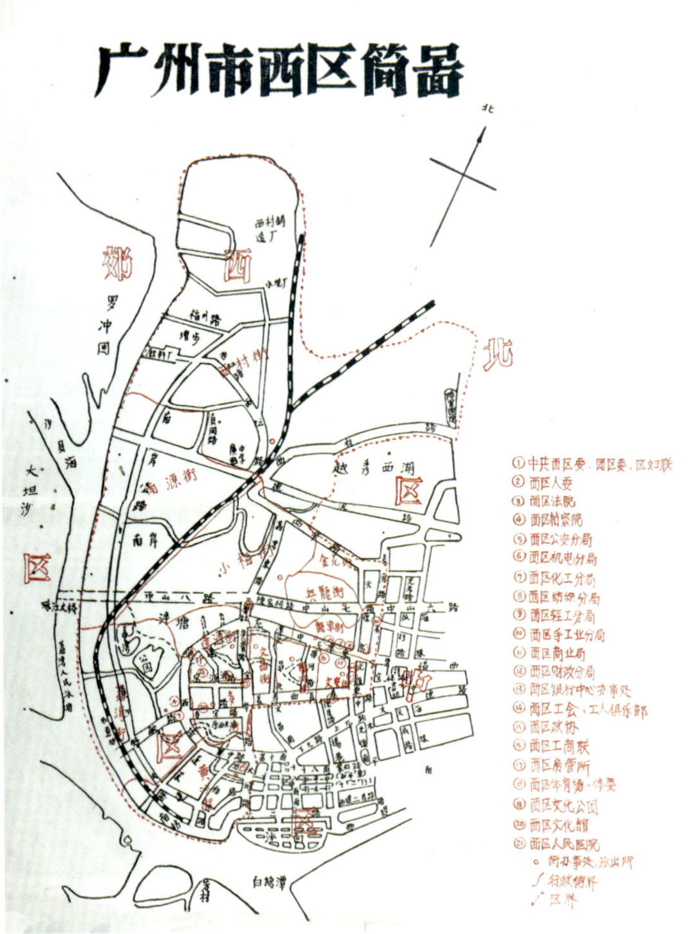

◀1960年4月，从佛山地区划出花县、从化县归广州，开始市县行政建制。同年8月，恢复市以下设区建制，撤销市中心区，设立越秀、东山、海珠、荔湾4个城区和黄埔、芳村、江村3个郊区，市区名称从此相对固定。1962年5月，3个郊区合为1个郊区。1973年2月，又重新从郊区划分出黄埔区。图为1959年的广州市西区地图。

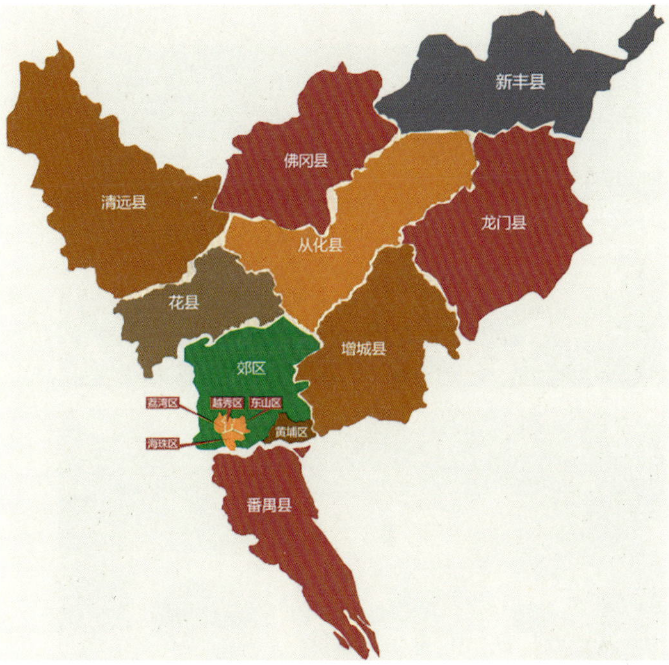

▲1975年1月1日起，原属佛山地区的番禺县、惠阳地区的增城县和龙门县、韶关地区的新丰县划归广州市。全市除辖东山、荔湾、越秀、海珠、黄埔和郊区六区外，还有花县、从化、新丰、龙门、增城、番禺六县，共辖六区六县。这一行政区建制一直维持到20世纪80年代。1983年，韶关地区清远县、佛冈县划归广州市。此时广州市包括六区八县，面积16657平方公里，为2005年7434.4平方公里的两倍多。图为1984年的广州行政区划图，是新中国成立以来广州管辖面积最大的时期。

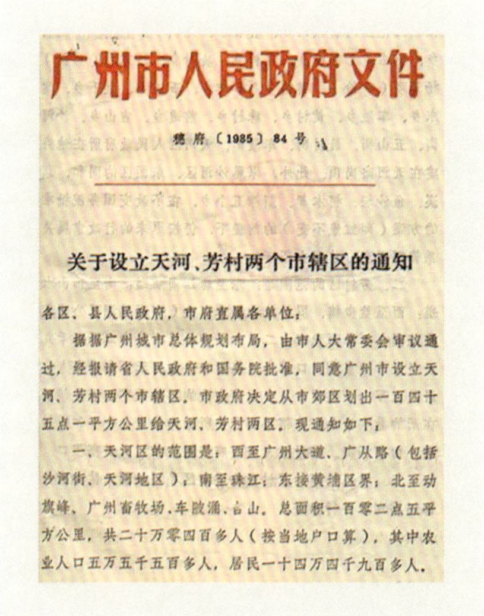

广州市人民政府文件

穗府〔1985〕84号

关于设立天河、芳村两个市辖区的通知

各区、县人民政府，市府直属各单位：

根据广州城市总体规划布局，由市人大常委会审议通过，经报请省人民政府和国务院批准，同意广州市设立天河、芳村两个市辖区。市政府决定从市郊区划出一百四十五点一平方公里给天河、芳村两区。现通知如下：

一、天河区的范围是：西至广州大道、广从路（包括沙河街、天河地区）；南至珠江；东接黄埔区界；北至动旗峰、广州畜牧场、车陂涌、白山。总面积一百零二点五平方公里，共二十万零四百多人（按当地户口算），其中农业人口五万五千五百多人，居民一十四万四千九百多人。

▲进入20世纪80年代，经济的快速发展推动了广州城区的扩大，第一步就是东扩。1985年，广州市郊区划出部分区域设置天河区、芳村区。1988年，龙门县划归惠州市，新丰县划归韶关市；撤销清远县，成立清远市，佛冈县划归清远市。图为广州市关于设立天河区、芳村区的文件。

▼图为设区之后的天河区政府大楼。

◤◀从1992年5月到1994年3月，番禺县、花县、增城县、从化县先后撤县设市（县级市），于是番禺市、花都市、增城市、从化市先后设立。上图为1993年增城撤县设市庆典大会及挂牌仪式，下图为1994年从化撤县设市庆典大会及挂牌仪式。

◀2000年，《广州城市建设总体战略概念规划纲要》出台，要将广州建设成为适宜创业发展和生活居住的国际性区域中心城市和“山水城田海”城市。确定“南拓、北优、东进、西联”战略，形成“三江六岸”发展格局，加快实现广州建设“山水城市”的蓝图。在此背景下，番禺、花都撤市设区。广州城区直通伶仃洋，成为真正的海滨城市。市辖区面积从1443.6平方公里跃升至3718.5平方公里。图为2000年6月，番禺撤市设区揭牌仪式。

▲2012年9月，南沙新区获批为国家级新区。2012年11月30日，广州市政府举行行政区划调整交接仪式，正式将番禺区的大岗镇、东涌镇、榄核镇共256.21平方公里土地划归南沙区管辖。图为2008年4月18日，广州南沙经济技术开发区挂牌仪式。

▼2014年2月，增城、从化撤市设区，萝岗区、黄埔区合二为一，设立新黄埔区。图为从化区挂牌现场。

◀广州由原来"十区二市(县级市)"变为"十一区",市辖区面积跃升至7434.4平方公里,"大广州"雏形初现。图为广州市总体规划(2011-2020年)市域空间结构规划图。

▼2014年12月,中国(广东)自由贸易试验区成立,南沙新区片区为其中面积最大的片区。图为南沙明珠湾区鸟瞰效果图。

第三章

门户广州

在粤港澳大湾区的蓝图上，
广州无疑是最引人瞩目的焦点之一：
依托海港抵达远洋，
借助空港飞抵全球，
通过铁路和高速公路连通千里腹地。
作为国家中心城市，
广州公路、铁路、空港、海港等重大基础设施日益完善，
国际综合交通枢纽地位更加稳固，
具备珠三角最大、最高效的交通枢纽。
按照计划，
广州将在2020年建成国际航运、国际航空、国际科技创新枢纽。
一个跨越式发展的国际大都市正在以更自信的姿态，
拥抱世界，
走向未来。

第一节
从绿皮车厢迈向高铁时代

广州火车站有多少个？提到广州东站，新广州人想到的是广深和谐号的起点，而老广州人想到的是大沙头火车站；提到广州南站，新广州人想到的是番禺的高铁站，而老广州人想到的是黄沙站；提到广州北站，老广州人想到的是棠溪站，而新广州人想到的是花都的火车站。其实无论老广州人也好，新广州人也好，火车站的历史迭代，见证了广州70年的辉煌变迁：从一票难求的绿皮火车时代，到人山人海的电气化列车时代，再到宽敞舒适的高铁时代。

1949年前

▲新中国成立前，广州地域内有3条铁路，其中广三线是广州地域内最早建成的一条铁路。广三线是在1899年提出建设的，当时认为这一条铁路里程短、投资少、收益快。1901年12月，粤汉铁路广三段由美国华美合兴公司动工兴建，1903年10月竣工，全长48.86公里，这是广东省修建铁路的开端。图为广三铁路通车典礼的情景。

◀广三线是分三段建设的，第一段就是广州到三水，所以叫广三线。建成初期车站只提供客运，不办理货物托运。广三线成为当时连接广州与佛山的最主要通道，也是“广佛同城”历史上的重要一环。图为广三线的起点——石围塘火车站。

◀广九铁路是广州境内的第二条铁路。清光绪十四年(1888年)，九龙工商界人士就曾动议筹建广州至九龙的铁路。1899年正式签约，中英两国以罗湖桥第二孔为界限，分为英、华两段。英段由英国政府负责修建，华段由清政府负责修建。华段就是现在的广深铁路，由广州的大沙头至罗湖，全长142.77公里。华段在1907年8月21日正式动工，1911年9月28日竣工，1911年10月通车。图为广九铁路华段开工时，在大沙头举行的奠基礼。

◀1911年10月28日，华英两段在罗湖桥接轨，至此广州至九龙全线通车。通车仪式分别举行。港方在尖沙咀举行通车典礼，然后开到罗湖。广州方面从大沙头开出至罗湖，粤港双方官员步行至罗湖桥主持接轨典礼。第二天广州的火车通过罗湖直抵尖沙咀，同样香港的火车直抵大沙头。图为通车时候的广州大沙头车站。

▲广州境内的第三条铁路是粤汉铁路。粤汉铁路动议于清光绪二十二年(1896年),其间经过纷纷扰扰,光绪三十一年(1905年),张之洞决定由湖北、湖南、广东三省就本省地段分担建设。直到1916年6月15日,广州至韶州的224公里建成通车,这也成为中国商办铁路中筑路最长的一段铁路,广韶段管理局就设于当年黄沙车站内。图为广州到韶关铁路管理局。

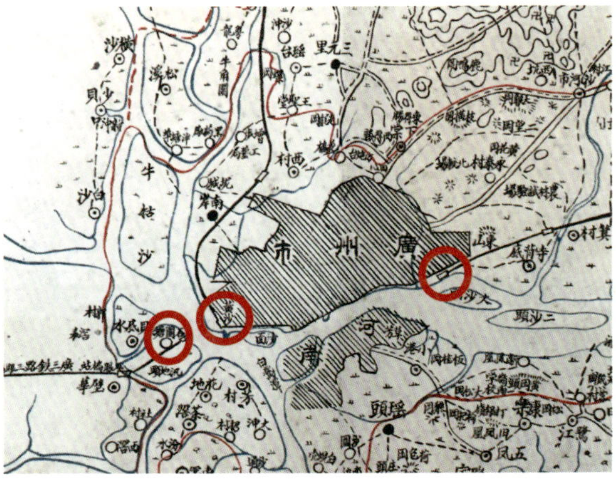

◀三个火车站有一共同的特点,那就是都在珠江边,而且三条线路互不相通,这就为以后的衰落埋下伏笔。图为1923年的广州地图,可见三个火车站和三条线路的位置关系。

◀粤汉铁路的起点是黄沙火车站。黄沙站位于现在的荔湾区黄沙隧道口,占有珠江近900米河岸线。之所以在这里建站,是因为黄沙靠近珠江水域,附近有码头、十三行。建站后,很多外国进口货物可通过水路运到黄沙站,再从黄沙站运往全国各地。图为粤汉铁路的起点——黄沙火车站。

新中国成立后火车站的发展

◀新中国成立后，广三铁路成为连接广州与佛山的唯一陆路通道，石围塘站的客运业务日趋发达。逢春节期间每天最多可有44趟列车往来，客流量最高时一天近8万人次，车站营业时间从每天早上5时30分的首班车至晚上9时30分的末班车止。图为石围塘车站路轨。

◣由于珠江相隔，石围塘火车站一直孤零零地位于珠江对岸，旅客必须乘船渡江才能往返广州。20世纪30年代，被称作"南天王"的陈济棠主政广东时，曾着手在那里兴建一座桥，当时名叫"西南大桥"，可最终仅仅是筑起了四个桥墩就停工了。1958年，政府动员上万名民工，尤其是动员广大的荔湾区人民，提出"家家无闲人"的口号，投入珠江大桥建设行列。图为修建好的珠江大桥。

▶经过两年的时间，1960年一座横跨珠江两条支流，全长500米，两岸引桥长达247米的大铁桥珠江大桥建成通车。这座大桥被命名为"珠江大桥"。图为首列火车通过珠江大桥。

▲1963年，在评选“新羊城八景”活动中，由于珠江大桥像天上垂下的两条彩虹，横跨在银光闪闪的珠江支流上，四周的田野一片翠绿，而被选为新羊城八景之一“双桥烟雨”。图为列车通过珠江大桥。

▼1955年起，石围塘站开始兼营货运。珠江大桥开通后，广三铁路起点延至大沙头火车站，石围塘站则由主要的铁路客运站逐渐转型为货运站。1992年3月，该站停止办理客运业务。现在石围塘车站已经成为历史的记忆。

百年广州南站昨开始拆除

南站关闭后度过了一个月的过渡期 昨日开始断电 首先拆除龙门吊

昔日繁华:百艘货船排队等装卸货

辉煌一页:是华南铁路货运的鼻祖

南站大事记

▲1960年12月，珠江大桥建成通车后，把广三线、京广线、广深线三条铁路连成整体，广州铁路枢纽形成。确定广州北站为新的编组站。北站经过10年的改造扩建，成为当时华南地区最大的货物综合作业站。与此同时，广州南站由过去的城郊接合部变成了市区的繁华地带，后因交通、安全、环保、市容等多方面的原因，导致广州南站的衰落。2005年6月5日，广州火车南站正式关闭。图为当时媒体关于广州南站关闭的报道。

▲粤汉铁路的起点——黄沙车站也发生着变化。1947年，在广北联络线与广九铁路东山—天河站间修建云永联络线，广九、粤汉铁路的旅客列车均在大沙头站始发终到。黄沙站客运业务移到大沙头站后，改名广州南站，主营列车编组和货运，这就是广州最早的南站。1970年，编组任务移到广州北站，该站成为纯货运站。图为当时广州南站发展成为装卸机械化码头。

▼新中国成立后，广九铁路也发生着变化。1949年10月14日，广九直通车中断。10月26日广州至深圳段（即华段）恢复通车，广九铁路（华段）改为广深铁路，列车不能直接开往香港，旅客需要下车，然后到对方的火车站登上对方的火车。图为当时乘客在罗湖英界下车后前往深圳乘车的情形。

▶ 1951年初，广州东站即大沙头站改名为广州站，并确定为广州地区的铁路客运专用站，但那时的百姓仍然惯称其为“东站”。图为新中国成立初期的广州站。

▶ 到20世纪60年代，新型动力开始出现。图为柴油机开始替代蒸汽机出现在广深铁路上。

▶ 随着广州新站的建成，广深铁路的起点由广州站（大沙头）改成新广州站。大沙头站的原广州站站名恢复为广州东站。随着1984年11月大沙头至天河一段的路轨被拆除，大沙头火车站也成为一个“遗留”的车站，再也没有铁路连接。图为失去火车站功能的原大沙头火车站的现状。

新广州火车站

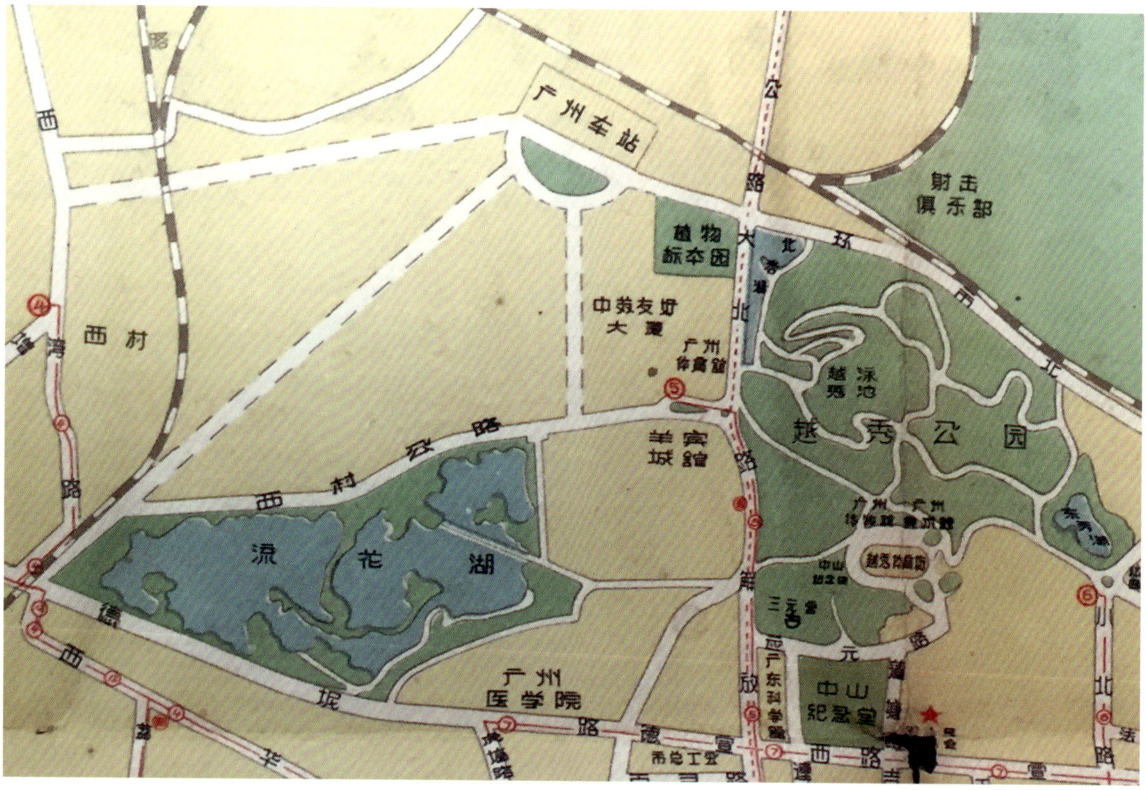

▲ 随着大沙头车站的压力不断增加，建设新的火车站迫在眉睫，于是1962年市政府提出修建新火车客运站。火车站曾有3个选址方案——东山区梅花村、下塘村西德胜岗和流花公园，最后选定流花地区一片乱葬岗作为广州火车站新站址，具体位置就是1954年在广北联络线上设立的流花桥站，这个流花桥站也就是现在的广州站。图为当时广州旅游地图上规划中的火车站，暂时命名为“广州车站”。

▼ 广州火车站初期的设计模型。

▶新火车站建设伊始经历建建停停的状态。1971年后才按原计划继续兴建，中间断断续续，于1974年4月建成。建成后的新火车客运站有11条股道和4个站台，包括候车大楼、站台附属建筑、广州九龙直通车联检站等。图为火车站开通剪彩仪式。

▼客运站设计运力为日发送旅客3万人次，可同时容纳1万人候车。建筑面积是原客运站即大沙头火车站的7倍，取代位于旧城区内的广九客运站，成为华南地区最大的铁路客运枢纽站。从1974年4月10日起，流花桥站被命名为“广州新客站”，广深铁路广州段起点也即原来的“广州站（大沙头）”改称“新广州站”。图为刚刚建成的新火车站。

▲图为20世纪70年代末的广州火车站。

▼新建成的广州站候车大厅内的自动扶梯在当年属于先进设备，当时内地总共只有两台，图为好奇的民众纷纷前来排队体验。

东南西北中，发财到广东

▲"东南西北中，发财到广东"。改革开放后，广东成为国内最早引进外资，也是最早允许外省农民流入打工的省份。1986年，珠江三角洲的外来人口已达185万人；到1988年，增加到320万人；到20世纪90年代初，外来劳动力接近400万人。图为1986年广州火车站广场历经千辛万苦到达的外省打工妹。

▶丰富的物资也让"倒爷"和"老板"们看到发财的机会。他们借着出差等各种名目，从南方进货运回内地转卖。而广州站就成了中转的必经之地。图为1982年两位外地出差者在广州火车站广场背着采购来的物品去托运。

▲1991年春节刚过，南下的民工如潮水般涌入广州火车站，西广场的女厕因此“爆棚”。为了上趟厕所等一个小时是常有的事情，图中排到最前面的女孩脸上挂着欣喜的笑容。这张照片后来被国家博物馆收藏，成为广东在改革开放时期的一个见证。

▲繁忙的广州火车站。

春运

▲"春运"是中国专有名词。全国春运看广东，广东春运看广州，广州春运看火车站。高度集中的人口流动，给运输造成极大的压力，尤其是春运期间，广州站往往会出现堪称世界最大规模的排队。图为1995年，在广州火车站排队买票的外省务工人员。为了防止有人趁乱插队，大家都紧紧地贴抱在一起，有时要这样排十几个小时才能买到票。

▼为了应对汹涌人潮，广铁将部分原用于运货的列车，经过简单改装后作为客车载人运行。车内只有几个小窗口，无标准的车厢灯、座椅、厕所等客运设施，白天太阳照射闷热如同桑拿，夜晚气温骤降车内寒气逼人，因此又被称作"闷罐车"。图为1995年，一名女子从闷罐车里向外探头。

▼图为1995年，闷罐车内景。这种车现在已经成为历史。

◀图为2001年春运，一辆到达广州的列车车窗已经被砸裂。

◀图为2006年的春运。

◀这是2006年春运中，从广州开往武昌的Z162次，有些乘客从门口上不去，只好从窗户上车。

▲只要上了车，就是幸福的事情。图为2007年春运中的一个场景。

▲广州地区的春运，最难忘的要数2008年。2008年1月3日起在中国发生了大范围低温、雨雪、冰冻等自然灾害。20个省（区、市）均不同程度受到低温、雨雪、冰冻灾害影响。图为2008年1月29日《广州日报》记者拍摄到的一个场景。

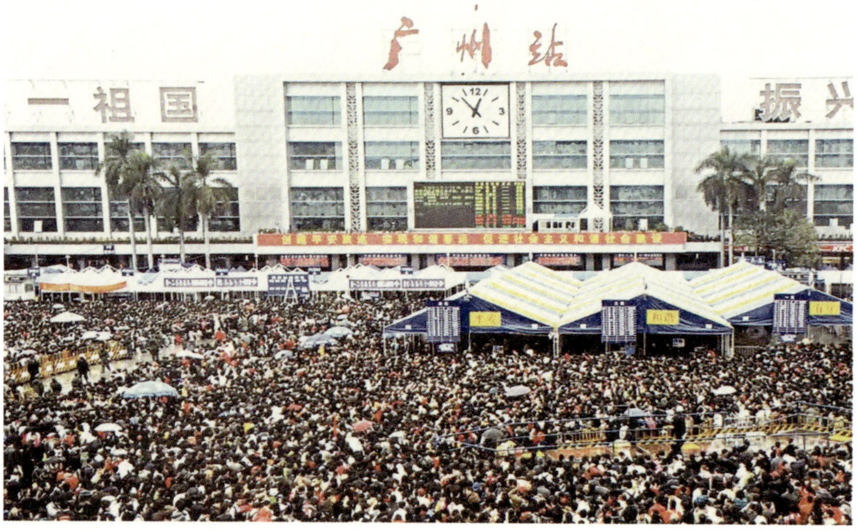

▲2008年春运，特大冰冻考验广州火车站。

▲灾害面前，让孩子先行。

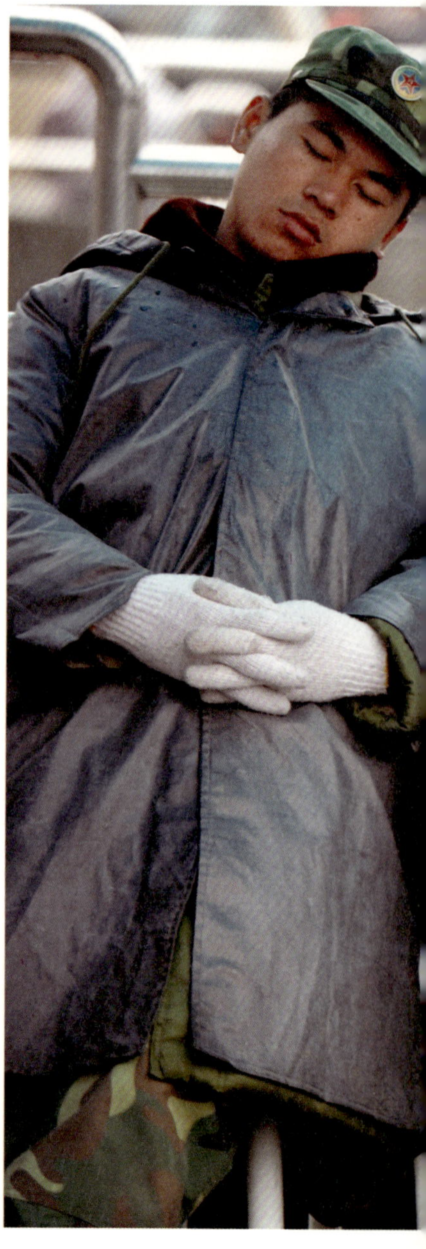

▼站着睡着的4名战士成为广州人对2008年春运的历史记忆。

广州站
振兴中华
阻，北上列车全部停开。

◀武警战士以血肉之躯堵“洪流”。

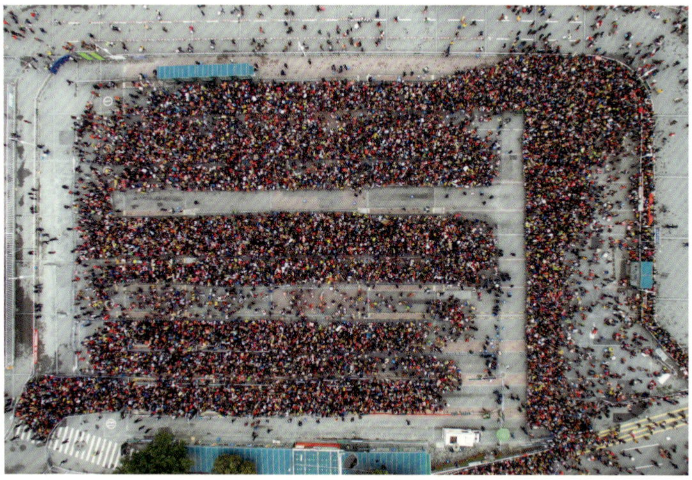

◀经过多年的探索，广州火车站探索出一套行之有效的春运管理模式。图为2016年2月2日，航拍广州火车站春运场景。

◀随着广州城市的发展，广州春运模式也发生巨大的变化，人们回家的路变得更加舒适、更加便利。图为2018年春运中，一对母子坐着舒适的列车回家。

◀广州火车站曾是中国改革开放的一个符号，也是中国经济的温度计。它见证了全世界最大规模的季节性人口迁徙——中国春运，见证了铁路野蛮生长和狂飙突进的黄金时代，也见证了改革开放后广州历史蝶变。

迈入高铁时代

▶1979年3月，粤港签署一个历史性协议，开行广州至香港九龙红磡直通旅客列车。同年4月，首列广九直通车在广州火车站举行开行仪式，翻开了香港与内地共谋发展的历史性一页。1979年4月4日上午8时30分，中断30年之后第一趟广九直通车准点从广州站开出，这是当年广州火车站迎来的首件大事。

▼1990年9月4日，我国第一条准高速铁路——广州至深圳铁路开始进行地形勘测，揭开我国高速铁路建设的序幕。2000年9月16日，广深铁路第三线电气化改造工程建成通车，广深铁路全部实现电气化。图为运行在广深铁路上的列车。

◀1991年5月，广（州）梅（州）汕（头）铁路全线动工，全长480公里，途经12个市县，1995年全线贯通。图为广州至兴宁客运通车典礼。

◀1994年12月22日，广深准高速铁路开通。

◀1996年9月28日，全国最大的现代化铁路客运口岸——广州火车东站客运工程全部竣工并正式启用，原由广州火车站始发终到的广九直通车全部改由广州火车东站始发终到。图为1996年建成启用的广州火车东站。

▲新广州火车客运站广州南站，北接武广客运专线，南接珠三角城际快速轨道交通广珠段及广深港客运专线，与广州站、广州东站连接，总投资130亿元。图为建设中的广州南站。

▶建设中的广州南站。

▼航拍广州南站。

▶2007年4月17日，广深“和谐号”列车首发。广深铁路成为全国首条实现公交化且时速高达200公里的城际专线铁路。

▶2009年武广高铁开通时一名保安玩自拍。

▶排队首个买到实名制武广高铁车票第一人朱正淮。

▲ 武广高铁客运新干线列车首发。

▼广东省首条城际轨道——广州至珠海城际铁路开通。首段开通运营的线路为广州南至珠海北段。2012年12月29日，广珠铁路正式投入使用，全长189.376公里，途经广州、佛山、江门、珠海四市，承担广州铁路枢纽西部通道的功能，改变珠江口西岸无客运铁路的状况。

▼2014年12月26日，贵广高铁开通。

►2014 年 12 月 26 日，贵广高铁首发团。

►2018 年 9 月 22 日，广深港高铁香港段开通仪式，首趟跨境列车抵穗。

►2018 年 9 月 23 日，广深港高铁首趟 G6501 列车运营。

▲新时代的到来，让广州火车站华丽转身，即将改造为高铁站。广州火车站将改建为面向全国的高铁中心枢纽车站——除了目前已有线路，西面将引入贵广、南广、深茂铁路及广佛肇、广佛江珠城轨，东面引入广汕、京九客专、穗莞深城际等客车，北面引入广清城际、京广铁路、京广客专等客车。这意味着，未来市民在广州中心城区就可以搭高铁到全国各地。图为升级后的广州火车站模型。

▼广梅汕铁路开通。

▲ 2007年6月28日，珠三角城际快速轨道交通广州至佛山段正式开工。

▼ 2011年1月7日，广珠城轨开通首日。

第二节
公路枢纽

新中国成立前夕，广州通往外地的公路只有16条，共243公里。现在广州公路枢纽成为华南地区最大的公路主枢纽，拥有京港澳高速、大广高速、二广高速、广深高速、沈海高速、济广高速等高速公路，交通运输发达。2017年广州高速公路通车总里程为972公里。截至2018年底，以广州公路枢纽为中心的广东高速公路建成通车总里程9002公里，居全国第一。

▲广州早期道路经由人行小道、驿道、马车道发展而成。清光绪三十二年（1906年）修筑的东（较场）沙（河）公路，是广州的第一条公路。新中国成立前，除民营行车公司经营的广花（广州一花县）、沙太（沙河一太和）公路养护较好外，大多数公路不上等级，全部是沙土路面、临时桥涵，晴通雨阻。那时广州通往外地的公路只有16条，共243公里。图为1934年的中山公路。

▲新中国成立后，广州公路建设发展迅速，养护和管理也不断完善。公路建设促进了公路运输，1949—1957年，修复原有公路并新建一批新的公路，合计通车里程达925.9公里。广州地区主要城镇都开通公路，而且壮大了养路队伍，加强了对公路、桥涵的维修保养，路面状况有明显的好转。图为1958年5月1日广番公路通车时的情形。

▼1958—1965年，广州公路建设发展较快，先后修筑548条公路，共1981.12公里。到1965年底，广州地区基本实现桥梁永久化，通车里程达2907.02公里，为1957年的3倍，比新中国成立前夕增加了11倍。图为1959年广中(广州至中山)公路的一段。此路为当时在全省推行修建的新型公路之一，路两旁绿树成荫，并开挖可通小艇的渠道，渠旁是种有蕉树的行人路。

▲党的十一届三中全会以来，广东实行特殊政策、灵活措施，国民经济有了很大发展，广州市出口通道中的几条主干线每昼夜交通流量比20世纪70年代初增长3~6倍。到1981年底，新建公路742.1公里。至此，通车里程达4641.89公里。随着公路的建设，一些客运站也相继建设起来。图为20世纪80年代的天平架客运站。

▼1987年1月18日，广州环城高速公路首期工程在市郊螺溪乡白坭河大桥工地动工。1989年，环城高速公路北环沙贝至广清立交桥路段（38公里）与广佛高速公路同时建成通车，新增向西方向的对外交通出口。1990年12月2日，广州环城高速公路首期工程沙贝至广州瑶台（机场路口）7.3公里环城高速公路正式开通。图为该路段开通时的场景。

▲1982年，番禺县委、县政府决定筹建洛溪大桥，并成立洛溪大桥工程指挥部。1984年10月14日，洛溪大桥举行奠基仪式。1988年6月28日，洛溪大桥主桥完成主桥合龙工程，全线贯通；12月28日，洛溪大桥举行竣工典礼。图为开通初期的场景。

▼至1990年底，105、106、107、205、324等5条国道共332.8公里从东南西北抵达广州或穿市而过，3条以广州市区为中心的环线公路与境内国道环环相连；569条3500公里省、县、乡道建成，初步形成四通八达的公路网。由广州始发的公路南可抵海南，北可通湖南、江西，西可达广西，东可至福建，省内各地相连相通。图为1984年11月举行的广珠公路容奇大桥通车典礼。

◀1989年8月8日，广佛高速公路建成通车。该公路于1986年12月动工兴建，起于广州市郊横沙，终于佛山市北郊谢边，是广东第一条“以路养路”的高速公路。图为投入使用前举行的自行车万人游活动。

▼1987年9月2日，广深珠高速公路总指挥部成立，12月8日，更名为广州市高速公路公司。1992年2月28日，广深高速公路广州段动工。1994年7月，全长122.8公里双向六车道、设计时速120公里的广州至深圳高速公路全线通车，是我国第一条自行设计、自行施工的高速公路。广深高速公路的建成，极大地改善了珠江三角洲的投资环境，对加快广东经济建设起到很大的促进作用。

▲1993年12月18日全线竣工通车的是广州环城高速公路的一部分，全长22公里。北环是市区与各地联系的主要通道，又是建设中的广东省高速公路网的连接路段。它东接广深高速公路，南通即将兴建的广珠（东线、西线）高速公路，西连广佛（佛开）高速公路，北与广清、广花、广从和广汕等公路干线相接，并且贯通广州市区交通干道，具有疏解过境交通和调节进出市区交通流向、流量的功能。

▼1994年9月，广州东南西环高速公路动工兴建。它是广州市"九五"计划重点投资项目，广州环城高速公路的部分，全长约38公里，双向六车道，设计时速100公里。2000年6月26日，全线正式通车。2007年9月21日，东南西环高速的通行费停止收取。图为2002年建成的东环高速公路东圃立交。

▲1997年1月，广州公路主枢纽首个大型汽车客运站——广州天河客运站建成投入使用。

▼虎门大桥是一座连接广州市南沙区与东莞市虎门镇的跨海大桥，位于珠江狮子洋之上，为珠江三角洲地区环线高速公路南部联络线（原莞佛高速公路）的组成部分。1991年5月，虎门汽车渡口竣工运营，很快就出现运力不足问题，广东省政府随即推进虎门大桥项目。虎门大桥于1992年10月28日动工建设，于1997年6月9日建成通车。

▶2003年，广州市加快重要干道主骨架网络建设。8月8日，连接广州经济技术开发区到广园快速路的夏港大道延长线(北段)正式通车。

▼华南快速干线是联络广州城区东部和北部的一条城市快速路。主线北起广州市白云区太和镇米龙村太和立交、接京港澳高速和广州绕城高速，止于番禺大桥、接迎宾路和番禺大道。该工程是京珠高速公路广州境内的重要组成部分。图为于2009年6月竣工通车的华南快速干线的全封闭空中隧道。

◀2004年12月31日，广州南沙港快速路主线全线贯通。该快速路总投资65亿元，全长72公里。

◀2005年9月30日，广清高速公路全线通车。2011年3月，广清高速公路改扩建开工，2016年扩建通车。广清高速8车道扩建通车后，广州至清远缩至40分钟内。图为扩建工程施工现场。

◀2006年3月25日，广深第二条高速公路（广州黄埔至深圳南山）试验段正式开工。该项目工程投资总额165亿元，全长89公里。图为2013年12月28日，广深沿江高速公路全线通车仪式在沿江高速东宝河大桥举行。

▶2006年广州大力发展城市道路交通网络。新光快速路一期工程于9月28日完工开通。12月19日，连接广州、佛山，穿越白云、花都的西二环公路竣工通车。图为新光快速通车后的新光大桥。

▶2007年广佛高速扩建。图为扩建中的广佛高速公路。

▶2008年10月1日，广州市、佛山市试行车辆通行费年票互通，这是推动广佛同城化的一项重要举措。

◀2010年12月31日，广州东沙至新联高速公路东新高速公路建成通车。

◀2011年9月30日，全市最大的公路主枢纽客运站场广州南汽车客运站在广州南站东广场举行奠基仪式。该客运站是广州首个采用全下沉方式设计的公路主枢纽客运站，建成后可实现高铁、城铁、地铁、公路客运和公交的无缝接驳换乘。

◀2013年1月25日，广珠西线高速公路三期正式通车，至此广珠西线高速一、二期全线贯通。从广州芳村到珠海，车程将由两小时缩短至一小时。2015年12月31日，广明高速公路广州段主线建成通车以及广大高速公路建成通车。图为广大高速九连山隧道。

▲2017年1月1日，洛溪大桥取消收费年票制，停止收取通行车辆费用。3月21日，开始拆除收费站。2018年5月2日，洛溪大桥进行拓宽工程。图为洛溪大桥收费站正式动工拆除。

▼2019年4月，凤凰山隧道萝岗互通立交正式投入使用。萝岗互通立交及萝岗收费站全部开通后，黄埔区市民驾车可经萝岗收费站进出S8广佛肇高速公路，直达广州中心城区、佛山、肇庆等地和华南快速、机场高速等高速公路。该项目的全线通车对粤港澳大湾区全面融合发展提速具有十分重要的意义。

第三节
南方大港

秦汉时期，广州古港就是中国对外贸易的重要港口，是中国古代“海上丝绸之路”的起点之一。新中国成立后，广州港由河港一路向南成为海港。目前，广州港已通达100多个国家和地区的400多个港口，实现了孙中山先生提出的“南方大港”的愿望。

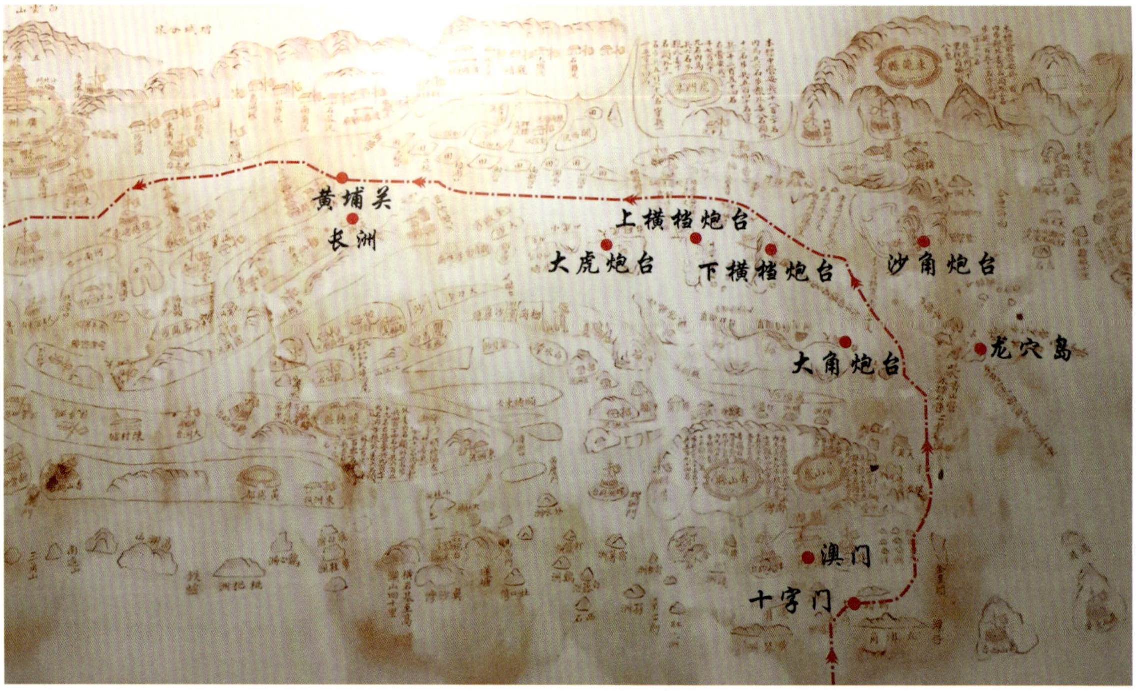

▲广州港历史悠久，早在秦汉时期，广州古港就是对外贸易的重要港口，是中国古代“海上丝绸之路”的起点之一；唐宋时期，“广州通海夷道”是世界上最长的远洋航线；至清代，广州成为中国唯一的对外通商口岸和对外贸易的最大港口。外商到广州贸易，需要先在澳门办理通行证，至虎门，粤海关官员登船验证并随船到达黄埔港。商行为其办理担保以及海关手续后，由持有官方特许牌照的西瓜船，将船上卸下的货物运往十三行，然后再把出口货物运往黄埔港。图为当年船只进入黄埔港路线图。

▲鸦片战争后，英国取得广州通岸权。1845年，大英轮船公司职员约翰·柯拜(苏格兰人J.JOHVCOVPER)受公司派遣，任公司驻黄埔的代表，负责公司送入黄埔船只的监修工作。柯拜到黄埔后，从当地的中国人手里租了几个泥船坞，雇用一批中国人从事修船业，这就是著名的“柯拜船坞”，也成为中国最早的近代造船企业。

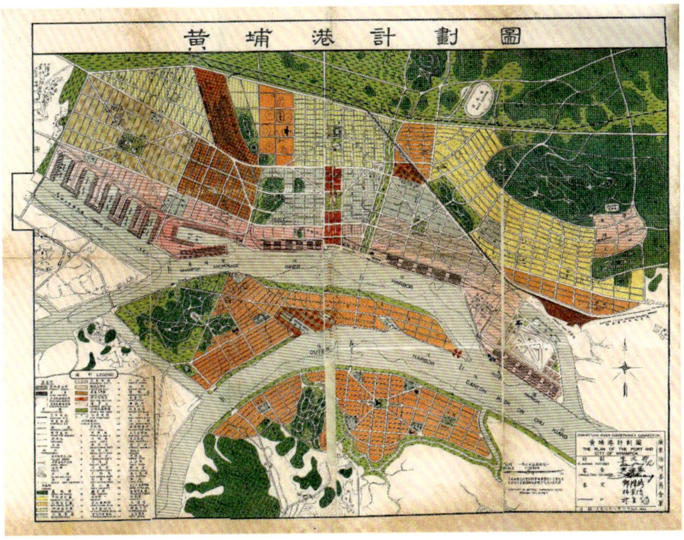

▶1919年，孙中山在《建国方略》中提出建设南方大港的构想。“吾人之南方大港，当然为广州。”他计划建设的“南方大港”港址，就选择在广州市东南珠江河段的虎门至黄埔深水湾一带。在用英文编写的《实业计划》中，他系统地提出中国港口建设和港口经济发展规划。图为20世纪30年代的黄埔港规划图。

▶1950年10月15日，黄埔港正式开港。当时仅有一座400米长的码头。1954年改建成能停泊3000吨级轮船的钢筋混凝土码头。至20世纪60年代，结束了市区长堤一带三步一堆场、五步一码头，客货混杂、交通拥挤的局面。在黄埔外港区，先后建了中码头和黄埔大码头等几个万吨级泊位。1955年4月，交通海运管理局广州船坞修造厂新建的华南最大的现代化民用船坞竣工。图为船坞浮船门放水入坞情形。

◀20世纪60年代中期，广州港的年吞吐量达到700万吨。由于广州港历史上就形成地理优势，社会货物的流向高度集中到广州港出口，因而广州港已确立华南主枢纽港的地位，成为华南最大的港口。并且与33个国家的港口有贸易运输往来，成为我国当时最主要的对外贸易口岸之一。图为1972年11月19日，广东省第一艘万吨货轮“辽阳号”建成下水。

▼20世纪80年代初，广州港建起当时华南地区规模最大、现代化程度最高的西基煤炭专业码头和黄埔集装箱专业码头。这两个专业码头的建成投产，标志着广州港从半机械化向专业化、现代化过渡。1980年8月，我国第一间集装箱厂——广州造船厂集装箱厂建成投产。图为集装箱正源源不断地运送出厂。

▲20世纪80年代末，开始建设新沙港区。1978—1998年的20年间，广州港共投资30多亿元进行港口基础设施建设。2000年10个泊位全面竣工并投入使用。不仅为广州港增加1000多万吨的通过能力，同时使广州港的装卸专业化、现代化程度又向前迈进一大步。图为黄埔港新区。

▶1985年3月7日，广州—青岛—大连航线开通。

▲1985年3月，凌泉河集装箱轮首航欧洲。全集装箱船“凌泉河”轮的首航靠泊，拉开了广州港外贸集装箱业务的序幕。随后其他轮船公司相继在广州港开辟往返日本、欧洲等航线。

◀1986年1月18日，番禺县莲花山港举行生产性试航典礼。1985年6月，莲花山港被国务院批准开辟为对外开放国家类口岸。这是广东省最早开放的县级粤港水路口岸之一。

▶1989年2月3日，广东省计划委员会批复，同意兴建虎门汽车轮渡设施及引道工程。1989年8月8日，虎门渡口正式动工开建。1991年4月22日，交通部广州海上安全监督局批复同意渡口航线，5月5日正式通航。2019年5月25日起，撤销虎门公路渡口并停止运营。图为虎门轮渡开通初期的俯瞰图。

▼1993年10月8日，南沙港正式通航。番禺同时拥有莲花山港和南沙港，成为当时全国唯一设有两个对外开放口岸的县级市。

▲1995年3月8日，广州文冲船厂15万吨级船坞建成，是当时全国最大的修船坞。

▼2000年，广州港跨入世界亿吨级大港行列。图为广州港南沙港区。

▲兴建南沙开发区是实现广州空间南拓、促进经济增长的重要战略决策。2002年南沙开发区建设全面启动。图为在建的新龙大桥。

▼2004年，广州加快南沙开发区重点工程项目建设。广州港南沙港区一期工程等一批重点项目建成投产。该项目的投产，标志着广州港由河口港向海港发展。图为南沙港一景。

▲2006年7月18日，象征着中国人民与瑞典人民传统友谊的“哥德堡号”仿古船，历经9个多月的航行，到达此行的目的地——广州。该船2005年10月从瑞典启航，沿着18世纪海上丝绸之路扬帆破浪，重访海上丝绸之路发祥地，为中瑞友谊谱写新的篇章。图为“哥德堡号”仿古船在广州龙舟的欢拥下进入广州水域。

▼2012年11月5日，中国第29次南极科学考察队从南沙沙仔岛码头出发。

▲2013年，广州市积极推进广州港南沙港区三期工程建设。2014年9月27日，广州港南沙港区三期12号、13号深水泊位试运营，新增港口通过能力超过1.2亿吨，相当于再造一个广州港。图为南沙港码头。

▼2014年11月5日，中国自主研发、自行设计建造的最大油船——32万吨超大型油船(VLCC)“凯桂”号，从中船龙穴造船基地开启处女航。该船续航能力2.2万海里(4万多公里)。

▲广州的邮轮经济自2015年11月“处女星号”邮轮试航以来，得到快速发展，从运营第一年至今一直保持邮轮进出港游客量全国第三。2016年11月13日，云顶集团旗下的豪华邮轮“云顶梦号”从南沙首航，3000名旅客由广州登船，前往游览越南岘港及河内(下龙湾)。图为“云顶梦号”邮轮在南沙母港首航。

▼2019年5月8日，世界港口大会在广州开幕，来自50多个国家的1000多名嘉宾和专家、学者参加。大会共设6个分论坛，分别以“‘一带一路’倡议带来新机遇”“新技术给港口业界带来的新挑战”“湾区港口与城市融合发展”“跨境贸易新模式与电子商务的法律问题”“中国和世界新兴邮轮市场”“港口节能减排”为主题，回应全球港航界共同关心的问题。大会中，广州港与巴西阿苏港、斐济苏瓦港和韩国的仁川港等港口签署友好合作协议，广州“港口朋友圈”总数增加至50个。图为2019年5月在广州召开的世界港口大会。

▼步入21世纪，在腹地经济持续快速增长的支撑下，广州港快速发展。2017年，广州港（含广州海港及内河港）货物吞吐量5.9亿吨，位居全国第四位、全球第五位；集装箱吞吐量2037万标准箱，位居全国第四位、全球第七位。广州港已通达100多个国家和地区的400多个港口。

第四节
广州机场 一路向北

从1950年广州第一条航线的开通，到1964年白云机场迎来第一架国际航班，再到2004年新白云国际机场的建成，广州的航空事业从小到大，从弱到强，直到现在成为中国三大航空枢纽之一。现在白云机场通航点已经增加到228个，其中国际和地区通航点达到92个，航线网络覆盖全球，旅客吞吐量突破7000万人次。

◀广州最早的机场是燕塘机场。位于广州市东北郊燕塘村附近，其实也就是一块较平坦的草地，没有航空保障设施，只用作飞行表演。1911年，比利时飞行家云甸帮在燕塘机场进行飞行表演，这是广州上空出现的第一架飞机。当年1月，旅美华侨冯如从美国携3名助手、机器设备以及1架飞机回广州，6月，在燕塘开办广东飞行器公司，首创广州航空业。1912年8月25日，冯如在燕塘机场驾机做飞行表演时因驾驶中用力过猛，不幸失事。飞机失事地点在原中国人民解放军体育学院西面与广州大道东面之间，该处立有“冯如坠机处”纪念碑一座。图为“冯如坠机处”纪念碑。

▶除燕塘机场外，新中国成立前，广州民航先后使用过始建于1918年的大沙头机场（现位于大沙头三马路、四马路一带）、始建于1933年的南石头水上机场（现位于珠江南河道三山口河段）、始建于1933年的二沙头水上机场（现位于珠江北河道二沙头附近河段）、始建于1933年的石牌跑马场机场（现华南师范大学校园内），以及天河机场和白云机场。其中石牌跑马场机场是西南航空公司租用石牌跑马场的一部分建成的。1936年7月，西南航空公司开辟广州—河内国际航线，使得广州成为中国第一个通航国外的城市。图为广州—河内航线开通时媒体报道的版面（注：由于当时越南是法国殖民地，故被称为“中法航线”）。

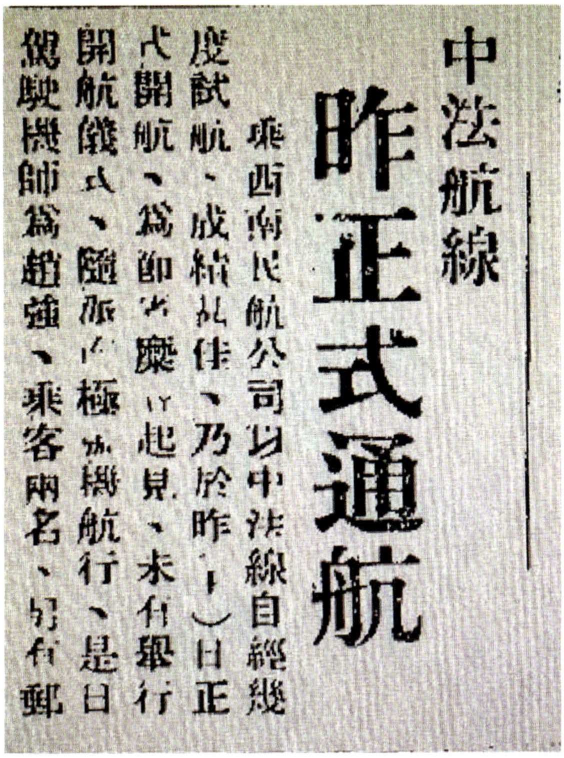

中法航線

昨正式通航

乘西南民航公司以中法線自經幾度試航、成績甚佳、乃於昨（十）日正式開航、爲節省靡費起見、未有舉行開航儀式、隨派出極大機航行、是日駕駛機師爲趙強、乘客兩名、另有郵

▼天河机场位于广州市东郊天河村，东南面是石牌，北面紧邻瘦狗岭，故又称瘦狗岭机场。1928年12月，由国民革命军第八路总指挥部航空处拨款40万大洋兴建，1931年建成启用，由航空处所属空军飞行部队驻场，广东航空学校第五期学员的后期训练亦迁至天河机场。1933年国民革命军第一集团军空军曾征地扩建。图为当年征用番禺县乡民修建该机场的报道。

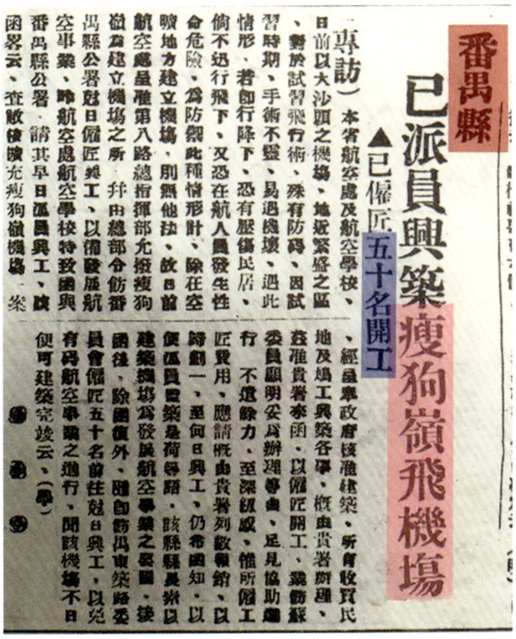

番禺縣

已派員興築瘦狗嶺飛機場

▲已僱匠五十名開工

（專訪）本省航空處及航空學校、日前以大沙頭之機場、地近繁盛之區、對於試習飛行術、殊有防碍、因試習時期、手術不熟、易遇機壞、遇此情形、若即行降下、恐有壓傷民居、倘不迅行飛下、又恐在航人員發生性命危險、爲防禦此種情形計、除在空曠地方建立機場、則無他法、故日前航空處呈准第八路總指揮部允撥瘦狗嶺爲建立機場之所、并由總部令飭番禺縣公署尅日僱匠興工、以備發展航空事業、昨航空處航空學校特致函與番禺縣公署、請其早日派員興工、該函略云、查敝校擴充瘦狗嶺機場一案、經呈奉政府核准建築、所有收買民地及填工與築各事、概由貴署辦理、茲准貴署奉函、以僱匠開工、業飭縣委員顧明安爲辦理等由、足見協助建行 不遺餘力、至深紉感、惟所僱工匠費用、應請概由貴署列數報銷、以歸劃一、至何日興工、仍希函知、以便派員監築是荷等語、該縣縣長術以建築機場爲發展航空事業之要圖、接函後、除函復外、隨即飭爲東築路委員會僱匠五十名前往尅日興工、以免有碍航空事業之進行、聞該機場不日便可建築完竣云、（學）

▲在很长的一段时间里，瘦狗岭机场一直作为军用机场使用，并不被广州市民所知。从1933年开始，国民革命军第一集团军空军对机场进行扩建。抗战爆发后，作为军事机场的天河机场在抗日战争中名扬全国，中国空军第十五航空大队多次在此起飞迎敌，与日军空战。尤其是1938年4月13日，依托瘦狗岭机场，中国空军与日军展开激烈空战，击落敌机7架。图为从天河机场升空的飞机。

新中国成立后的天河机场

▲广州解放后，天河机场成为广州的民用机场。1950年下半年，因天河机场的净空条件不适合空军使用，空军将天河机场与民航白云机场交换使用。至1959年，天河机场已成为中等规模的民用机场。图为从空中俯瞰天河机场，其位置大致是现在天河体育中心以及天河城一带。

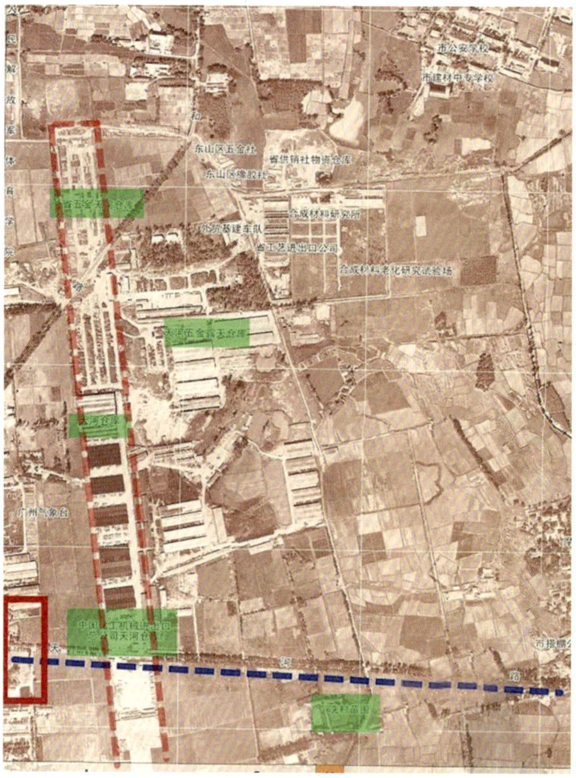

▲1958年后，天河机场已不适应民航发展的需要，又无扩建可能，民航广州管理局于1959年12月22日从天河机场转至白云机场，天河机场仍交回空军使用。20世纪60年代后期，天河机场废置。图为废置后成为一个“大仓库”的天河机场。

◀作为民用机场，天河机场见证了新中国成立初期发生在广州的很多外交活动，比如1956年8月20日迎接老挝政府代表团，1957年3月19日欢迎捷克斯洛伐克政府代表团，1957年4月5日欢迎波兰政府代表团，等等。图为1957年5月10日，罗马尼亚领导人在我方有关人员陪同下步出天河机场。

白云机场

▲白云机场位于广州市北郊三元里、柯子岭、新市、棠下之间，距广州市区3公里，因东面有白云山得名。白云机场始建于1932年冬。当时场址土地一部分属于南海县辖的棠下、棠溪、岗背等乡，一部分属于番禺县辖的萧岗乡。三元里抗英斗争战场牛栏岗亦在其中。1947年，国民政府交通部民航局对白云机场进行扩建。图为1948年扩建后的白云机场。

◥ 1949年，白云机场再次扩建。扩建后的白云机场属中等规模。广州解放前夕国民党空军将白云机场主跑道及一些设施炸毁。图为1949年3月施工中的白云机场。

▶广州解放后不久，1950年8月1日，军委民航局开辟了天津—北京—武汉—广州航线，这是新中国成立后首先开辟的两条航线之一。津穗线从天津经北京、汉口到广州，航程1810公里，原定每周飞行一班。首次开航使用的是CV-240型飞机。图为开航典礼仪式，标志着新中国成立后国内民用航空线首次正式启用。

◀白云机场开航典礼举行后，“北京号”飞机由广州飞往汉口。因空防问题，班机不能在白云机场过夜，开航后只飞了一个班次便告停航。图为首飞的“北京号”飞机。

◀为支援抗美援朝，1950年11月21日至12月6日，历时15个昼夜，来自广州各界的大批民众参与抢修白云机场，对跑道进行加宽加厚。图为南方大学组织的3000多名学员坐火车到白云机场工地情景。

▶1957年8月1日，中国人民解放军驻广州空军部队在白云机场为广州人民带来一场精彩的飞行表演，有1.5万多人观看当日的表演。

▶ 到1955年，广州民航开始拥有1架安-2型飞机，同年2月1日，开辟广州—湛江—海口航线。从此，民航广州管理部门开始独立经营国内航线。1958—1965年，民航广州管理局共开辟3条航线，1966—1976年的10年间，民航广州管理局以广州为始发站，共开辟航线10条；全国民航共开辟国内航线128条，其中通往广州的有27条，占21%。图为1962年旅客乘飞机到广州的场景。

▶ 1964年，随着国民经济逐渐好转，白云机场得以扩建，机务维修、航行调度、通信导航、航空气象，以及旅客服务等设施设备也同时进行了更新改造。1965年，运输总周转量比1957年增长3.3倍。白云机场旅客发运量2.35万人次，仅次于北京首都机场和上海虹桥机场而居全国第三位。图为1964年的广州白云机场。

▶ 1972年后，到广州或通过广州到各内陆城市的外国人、华侨和港澳同胞逐渐增加。广州民航从1972年开始陆续购进安-24型和三叉戟型飞机。1983年购进5架波音737型飞机，机票仍供不应求。从1985年起，采取国际融资租赁的方式，租赁5架波音737型飞机和10架波音757型飞机，同时淘汰三叉戟型飞机。图为20世纪70年代末的白云机场。

◀1984年12月，广州至珠海直升机通航。

◀1987年对候机楼进行改造和扩建，增加面积1.2万平方米，旅客吞吐量高峰时每小时可达2500人次。至20世纪90年代白云国际机场已达到国际一级机场的标准，与北京首都国际机场和上海虹桥国际机场处于同一水准。图为1997年的白云国际机场。

◀至1990年，广州民航虽已有一定规模，但与世界一流水平的航空公司相比，差距还很大。广州白云机场的旅客发运量和飞机起降架次居全国机场第一位，也只相当于香港启德机场、新加坡樟宜机场20世纪70年代末80年代初的水平。与此同时，随着城市的发展，白云机场逐渐被城区所包围。图为20世纪90年代被城市包围的旧白云机场。

▲图为从白云山拍摄的机场，飞机在闹市中起降。

▼2004年6月9日，一架飞机飞过广州市机场路，正值下班高峰，机场路塞满了车辆，人们正焦急地等待。这种场景对生活在这里的人们来说早已习以为常。不过两个月后，这一场景不再出现。

▲新中国成立初期，白云机场的年旅客吞吐量非常小。以1955年为例，只有3800人次。2002年，白云机场旅客量达到1601万人次。此后，白云机场的多项业务指标跃居国内机场第一，比如飞机起降架次在1979—1990年居全国机场第一。图为2004年8月4日，老机场最后一个到达航班的乘客参加"告别之旅"活动。

◣2004年8月4日，旧白云机场运营的最后一天，全天起降520班航班，进出港旅客共有5.5万人次。广州至湛江的CZ3265成为当晚最后飞离老机场的航班。114名乘客成为历史的见证人。22时50分，飞机正点离开停机坪。2004年8月4日24时，历经70年风雨的旧白云机场淡出历史舞台，正式关闭。

▲旧机场起落航线均需飞越城市上空，严重危及城市安全，且当时空运能力即将饱和。于是，兴建一个大型国际机场的问题，被提上议事日程，并定出从化、花都、番禺、增城、清远及四会6个预选点。最后确定地址为白云区人和镇以北与花都新华镇以东交界处。1997年7月15日，国务院和中央军委批准白云国际机场迁建工程立项。图为新机场建成之前的地块。

▶1999年10月27日，广州白云国际机场有限公司暨广州白云国际机场迁建工程指挥部举行隆重的挂牌仪式，标志着广州白云国际机场迁建工程进入全面的、实质性的正式运作阶段。图为新机场主体航站楼所在位置施工现场。

▲新白云机场一期工程建设两条跑道，是国内首个同期建设两条跑道的机场。两条跑道分布在航站楼东西两侧。其中，东跑道长3800米，西跑道长3600米。图为2002年9月，俯瞰建设中的新机场。

▼与此同时，通往新机场的高速路于2001年建成，并于2002年元旦正式通车。图为刚刚建成的广州新机场高速公路，其路幅、路面、绿化、美化都堪称“华南第一路”。

▲2004年8月5日，广州新白云国际机场正式启用。图为首航的南方航空集团公司机组成员。

▼2004年8月5日7时许，新白云国际机场迎来第一架飞机的正式运营起飞。图为机场西侧东湖村村民一早赶来看新机场投入使用的场景。新白云国际机场启用首日进出港航班583架次，进出港旅客约6万人次。

▲这是首位到达新白云机场的国际航班乘客。

▲2004年8月5日，首发航班乘客在新白云机场登机。

▼白云国际机场是中国南方航空公司、中国东方航空公司、深圳航空公司、九元航空公司和龙浩航空公司等的基地机场，与近80家中外航空公司建立业务往来。至2019年6月，白云国际机场通航点增加到228个，国际和地区通航点达到92个，航线网络覆盖全球。图为建设中的第二航站楼。

▲未来，广州白云国际机场将打造集航空运输、高铁、地铁、城际轨道和高速公路多种交通方式于一体的综合交通中心和换乘枢纽，实现泛珠三角、珠三角地区城市与白云机场之间的有效衔接，与广州港、南沙自贸片区一道，在粤港澳大湾区建设、新一轮对外开放大格局中发挥更大的作用。图为广州白云国际机场外的这座雕塑象征着即将腾飞的广州航空事业。

第四章

商都

广州

广州是千年商都，
建城2200多年来，
广州是中国唯一一座2000多年来从未中断国际商贸的城市。
新中国成立后，
广州保持着生机勃勃的对外贸易交往。
这里是一部浓缩的新中国对外贸易发展史！
曾几何时，
“广货”遍天下；
看当今，
“广货”仍所向披靡。

第一节
广交会——世界第一展

广交会以位于现在文化公园的“华南土特产展览交流会”为雏形起步，经历中苏友好大厦、侨光展馆、起义展馆、流花展馆、琶洲会展中心五次变迁，正打造成国际一流的“卖全球买全球”的新时代全方位对外开放平台。

▲广州文化公园前身是清代十三行旧址，1949年之前，这里是一片废墟——“西堤灾区”。1951年春，市人民政府选定西堤灾区为“华南土特产交流会”会址。图为重建后岭南文物宫（现文化公园）内开设的物资交流馆。

►1951年市政府委任毕业于法国里昂建筑工程学院的建筑师林克明负责展馆设计工作，组织中山大学建筑系教授、专家，每人负责设计一个展馆。从清理场地，搞好“三通一平”，到12个展览馆建成，绿化环境，仅用了3个月时间。此次交流会盛况空前，对恢复广州的经济起了重要作用。图为华南土特产大会中展示的荔枝。

▲1957年4月15日，第一届中国出口商品交易会(即首届广交会)在广州中苏友好大厦开幕。当东南亚和港澳19个国家与地区的2735家客商穿着花花绿绿的服装来到羊城时，全国为之轰动与振奋。图为20世纪50年代中苏友好大厦举行的苏联商品会。

▼尽管首届广交会参展人员只有1223人，成交额只有1754万美元，但这在当时已具有相当大的政治和经济意义。就这样，肩负着打破封锁、创收外汇的重任，广交会应运而生，从此开创其在中国数十年独一无二的外贸地位。图为中苏友好大厦，也曾作广交会第一、第二届展馆。

▶广交会的一炮成功打响，使中央下定决心为其建设新的馆舍。从交通、住宿等便利方面考虑，新场馆放在广州城市中心——海珠广场。依托老城区成熟的服务配套，在侨光路建成陈列馆。图为1958年春季，第三届广交会迁至侨光路2号中国出口商品陈列馆举行。

▶1958年的广交会，海内外宾客齐聚，盛况空前。

▲随着广交会的举行，侨光展馆由于面积太小，不能容纳展览的需求。1959年11月1日，第6届广交会在新建成的中国出口商品陈列馆举行。这是广交会第二次迁址。展馆占地面积1.09万平方米，总建筑面积4.02万平方米，展馆使用面积3.45万平方米，为侨光路陈列馆的2.65倍。图为1959年，第6届广交会在起义路1号陈列馆。该展馆从第6至第34届，共举办29届广交会。

◀1964年的广交会，纺织品3000多种，一半是新品。

▲图为1964年广交会现场。此次交易会接待人员达13万多人，令广州宾馆一度爆满。坦桑尼亚、刚果、阿尔及利亚等11个亚非国家第一次参加。

▲1978年广交会开幕现场。展会逐步与国际接轨，采用国际通用贸易做法。

▼琶洲展馆，见证了广交会从“中国第一展”发展为“世界第一展”的历程。2003年7月，中国对外贸易中心与广州市人民政府签署备忘录，以流花展馆换取原广州国际会展中心70万平方米土地和一期工程产权，外加150亩会展发展配套用地使用权。这是广交会历史上第一次自筹资金建展馆。

▲2008年9月，第104届广交会整体搬迁琶洲展馆举行，这是广交会第四次迁址。新落成的广交会展馆位于广州珠江南岸，占地面积超过80万平方米，展馆总建筑面积超过110万平方米，室内展厅总面积34万平方米，室外展场面积4.36万平方米，是亚洲设施最先进、功能最齐全的现代化展馆，也是当时亚洲最大的会展中心。图为庆祝百届广交会烟花。

▼广交会“孵化”世界级总裁。有人说广交会是“大学校”，有人说广交会是“孵化器”，一批批外贸新人在这里淬火锻炼，成长为经理、总裁；一大批名不见经传的中小企业通过广交会积累经验和财富，成为国际知名企业；不少企业在这里同台竞争，共同进军国际市场，开拓我国对外贸易的新天地。图为客商云集的广交会。

▲为打造永不落幕的广交会，中国进出口商品交易会电子商务平台于2013年4月15日正式上线，由此每年两届现场看样成交的广交会发展成为全年365天为供采双方提供全面服务的电商平台。图为交易会现场商品琳琅满目。

第二节
专业批发市场

黄沙水产市场、岭南花卉市场、白马服装市场、狮岭皮具市场、中大布匹市场等一大批专业批发市场享誉国内外，勾连起世界市场与中国内陆地区。发展到今天，广州已经有1400多个专业批发市场，这些专业批发市场让广州成为当今的“货通天下”。

▼1980年10月，高第街成为广州第一个工业品市场和全国第一条经营服装的个体户街道。到广州购买衣服成为时尚，图为开业之初的高第街。

◀图为1986年的广州西湖路灯光夜市，这是中国最早的时装夜市。该夜市也反映了广州人在改革开放最初的夜生活。

◀20世纪80年代末，上百个在广州海印桥底摆卖毛线的地摊商贩突发奇想，把市场搬到中山大学南门对面的康乐村、鹭江村，由于毗邻中山大学且以贩卖布料为生，商户自发将这个规模日益扩大的市场称为“中大布匹市场”。之后30多年间，中大布匹市场成了国内布料批发行业内响亮的名字，成为全国最大的布匹批发市场之一。图为21世纪初的中大布匹市场。

◀在广州火车站旁，1992年底白马大厦竣工，成为现代化大型服装市场，“白马”开业不久，红棉、步步高、金马、金龙等市场如雨后春笋，纷纷崛起。至1995年，流花服装市场多达14个，营业面积超过30万平方米；如今流花商圈内的商业项目达30多个，日成交额数亿元，销售总量占全国的1/3。图为流花批发市场。

▶1994年7月，广州市乃至全国最大的鲜活水产品批发市场——黄沙水产交易市场开业。2008年市场交易额达65亿元，为全国同类批发市场之最。图为20世纪90年代的黄沙鱼市。

▶改革开放后，花市天光墟在芳村得以恢复。1996年9月28日，全国规模最大、功能最齐全的花卉综合市场——广州岭南花卉市场在芳村区正式开业。到1999年，广州市已发展成全国最大的花卉集散地，花市的花卉价格往往左右着全国各大中城市的花卉价格。图为忙碌的岭南花卉市场。

◀1996年7月，经卫生部、国家医药局、国家中医药局、国家工商总局批准，清平中药材市场成为全国首批定点中药材专业市场。

▼2001年，南方茶叶市场被定为广州市四大重点专业批发市场之一；2002年被农业部授予“定点市场”，现已成为全国规模最大、品种最齐全、辐射面最广的茶叶集散地。2004年10月4日，芳村茶叶城建成投入使用。该茶叶城占地2.8万平方米，总投资2亿多元。

▲时至今日，作为全国枢纽型城市的广州已经有1400多个专业批发市场，广货利用枢纽优势，迅速发到全国乃至世界各地，千年商都千年兴盛。图为忙碌的广州批发市场。

第三节
城市商圈

广州是千年商都，弹指七十载，从新中国成立初期的长堤、西濠口商圈，到二十世纪七八十年代的上下九、北京路商圈，再到90年代淘金路商圈、21世纪以来的天河商圈、珠江新城商圈的变迁，广州城市边际不断扩展与发展。曾经中国第一高楼的白云宾馆，友谊商店的"外汇券"，最早的奢侈品店等，都见证了商圈的繁华变迁。

▼没到过长堤商圈的南方大厦，就像今天来广州没去广州塔一样。1953年12月，动工修建南方大厦的前身——大新公司。该建筑在抗日战争广州沦陷前夕被焚烧，遭到严重毁坏。新中国成立后，于1953年底动工重建，1954年9月竣工，改称南方大厦。图为1954年南方大厦内西堤百货商店购物情景。

▲购物从地面走到地下，冬暖夏凉，购物方便舒适。1983年2月，为解决广州旧市区空间不足，服务设施短缺的矛盾，广州市决定将位于荔湾区人民南路45号的人防工程装修开业，建成南方大厦地下商场，是当时全国最大的地下商场，每日进场参观选购的达10万多人次。从开业到1983年底共盈利188万元。图为1984年南方大厦地下商场。

►有“广州历史上第一条中轴线”之称的北京路商圈，同时也是一条著名的骑楼街，以私人住宅为主的骑楼建筑兼容并包，融合多种西方建筑元素，风格各异。北京路在清代已是繁华的商业街区。1958年，北京路成为三个全市性的一级商业中心之一。图为20世纪50年代北京路财厅前景象。

◀1959年，广州最早的高档百货商场——友谊商店在广州环市东路开业，预示着新的购物商圈在环市路出现。开业初期，持有外汇券的市民才能购买商品，这使得友谊商店成了当时市民心中的“购物胜地”。1980年，友谊商店全面对市民开放，一时间，友谊商店成了高端、时尚的代名词，环市东路也成为广州有名的高端商务区。

1981年，广州友谊商店开设全国第一家自选超级商场，售货方式从封闭式售货逐步走向敞开式、自选式售货。图为20世纪80年代友谊商店的首家超市。

▲二十世纪八九十年代，广州白金级五星酒店花园酒店、第一家麦当劳、第一高楼“63层”、淘金金融街、第一家星巴克、为数不多的奢侈品商场丽柏广场……都在环市路商圈陆续建起来，这些划破天际的写字楼，誉为改革开放硕果。图为开业之初白云宾馆的总统套房。

▶1995年9月30日，广州第一条商业步行街开通。步行街包括下九路、第十甫路，长800米，共有企业238家。这里曾经的永安百货公司、鹤鸣鞋帽店、大陆钟表店、妇女儿童百货商店、广州纺织商场、锦华床上用品店等都是响当当的“老字号”。图为人山人海的上下九。

▲进入20世纪90年代，北京路商圈大百货不断发力。1990年9月28日，新大新公司建成开业，这是广州解放后建成的营业楼层最高的大型国营百货商业大厦。一年后的1991年，广百百货在广州中心商业区北京路开设，后陆续在广州各大商圈设立门店。图为1993年广百举行首次时装秀。

▲随着广州城市东进，天河商圈逐渐形成。1996年8月18日，天河城正式开业，是中国内地最早运营的大型购物中心。天河城地上7层，地下3层，总建筑面积约16万平方米，集购物、美食、娱乐、休闲、商务于一体，有天河城百货、永旺超市、电影院、娱乐、餐饮和各类品牌店200多家。2018年天河城日均客流量超过21万人次，客流规模、客流密度均居全国购物中心前20名。图为开业后的天河城。

◀1998年5月1日，北京路商业步行街正式开通，实施双休日、节假日全步行全封闭管理。千年古道、千年商都、千年水闸……看得见历史的千年古街地处广州市中心的北京路，是历史上最繁华的商业集散地。在北京路，除了看历史，游人还可在环境舒适的大商场里尽情购物。短短几百米的路两边，集中了新大新、广百等10多座大中型百货商场。图为节假日的北京路商圈。

▲天河商圈购物中心不断加码，2005年1月15日，号称亚洲第一购物中心的正佳广场正式开业，其中购物中心面积30万平方米，地上7层，地下2层半；西塔楼是48层超五星级酒店，东塔楼为25层超甲级写字楼。

▼2016年，天环Parc Central在天河城和正佳广场之间正式开业，加上已经开业的太古汇、万菱汇……天河商圈上演多个购物商场争霸的局面。不同于“盒子式”的购物中心，天环Parc Central分为两层，即大面积的户外绿化广场和下沉式主题广场，构建城市绿化环境与商业中心的巧妙平衡，为城市空间布景增添一抹亮色。在商业模式上，天环Parc Central以轻奢为主要定位。

◀随着城市的不断扩大，商圈不断增加。在广州北部形成了旧白云机场为核心的白云新城商圈，新白云机场旁边的花都新中轴线商圈。图为白云新城商圈。

◀伴随着广州南拓，昔日稍微比较偏远的南部，形成了番禺万博商圈，甚至在南沙自贸片区金洲商圈也在形成。图为万博商圈。

▼在东进方面，广州东部，黄埔区科学城板块也正形成新的商圈。图为广州科学城鸟瞰。

第五章

名城广州

五岭把广州与中原大地相隔，
2200多年的历史留下丰富的历史文化遗产，
造就了独特的岭南文化，
成为中华文明独有的组成部分。
新中国成立后，
这些历史文化遗产得到进一步继承与发展，
并在传承过程中功能发生转变，它们见证着历史的变迁。

第一节
让文物说话

广州是经国务院批准的第一批中国历史文化名城。70年的历史证明，广州无愧于文化历史名城这个称号。新中国成立以来，广州始终像爱护眼睛一样，在全力保护着历史遗迹。

▲广州解放后，百废待兴。但新生的广州就着手对中山纪念堂进行修缮，修缮在1950年9月15日竣工。中山纪念堂修建于1929年，1931年完成，采用钢结构和钢筋混凝土混合结构，跨度达71米的建筑空间内不设一柱。广州解放前夕，纪念堂因年久失修，已严重损坏。这里见证了许多重大事件。人民政府从20世纪50年代初开始曾多次对各项设施进行修葺和完善。图为1986年的中山纪念堂。

▶从1953年开始，政府开始修缮陈家祠。陈家祠又称“陈氏书院”，始建于清光绪十六年（1890年），1894年落成，它是由清末广东省72县的陈姓联合建造，是广东省著名的宗祠建筑，建筑结构可分为三轴、三进。1958年修缮后被辟为广东民间工艺馆。图为20世纪20年代的陈家祠。

▶从1950年起，广州市行政干部学校、广州新华印刷厂、广州电影机修配厂、广州市第三十二中先后进驻陈家祠，到1969年，三十二中在前院建起一幢4层教学大楼。陈氏书院由此被3个单位分割占用。图为20世纪80年代陈家祠恢复时的现场。

◀陈家祠在1962年被定为广东省文物保护单位，保护历史文物的声音一直不断并增强。从1980年起，新华印刷厂、电影机械厂先后搬迁。1988年1月13日，国务院公布陈氏书院为第三批全国重点文物保护单位。1997年12月30日，广州陈氏书院东院、后院全面交接仪式在广东民间工艺博物馆举行。至此，陈氏书院长达30年的历史遗留问题得到圆满解决。从此，代表岭南建筑业的杰作开始大放光彩。图为交接仪式。

▲陈家祠在1996年被评为“广州十大旅游美景”之首。2002年，陈家祠入选新世纪“羊城八景”。2010年陈家祠扩建工程完工。2011年，陈家祠再次以“古祠流芳”入选新世纪“羊城八景”。图为2010年陈家祠岭南文化广场竣工现场。

▶1956年8月26日，在广州第一次发现完整的、范围较大的新石器时代遗址。市郊沙东乡飞鹅岭附近发现几个新石器时代遗址，并采获肩石器、石凿、石矛、石刀、石锛等85件及印纹陶片300多片。次年又发现类似文化遗迹13处，统称新石器时代“飞鹅岭”文化。根据专家考证，这是距今4000多年至2200多年的新石器时代遗址。从出土的文物和火烧土显示，飞鹅岭当时已有人群居住，并从事农业的刀耕火种和狩猎、捕鱼等生产活动。他们还学会了制陶、纺织等工艺，被认为是最早的广州人。图为1953年以来龙洞村民捡来的部分文物，现存广东博物馆。

▼1961年3月4日，国务院首次公布国家级文物保护单位名单。广州有5处：三元里抗英誓师旧址，广州农民运动讲习所旧址，黄花岗七十二烈士墓，广州公社旧址，光孝寺。此后，国务院又先后于1982年、1988年、1996年等几次公布国家级文物保护单位。到2017年3月，广州市有23处文化遗址被列为全国重点文物保护单位。图为“国保第一号”三元里抗英誓师旧址。

▶1962年1月，在区庄附近一座2000多年前的木椁古墓中，广州考古工作者发掘出一把刻有秦始皇十四年纪年铭文的青铜戈。这是新中国成立以来广州地区首次发现秦代纪年铭记的墓葬。1964年，广州动物园工地出土了唐代端溪箕形砚，这是广州唯一出土的唐代端砚。1985年，广州首次发现元代阿拉伯文碑，在清真先贤古墓附近出土高丽穆斯林剌马丹墓碑。图为区庄出土的秦代铜戈。

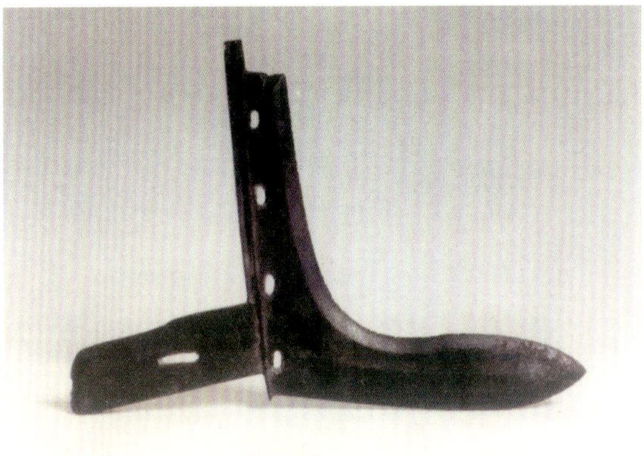

▲1962年7月7日，公布第一批省级重点文物保护单位。其中包括广州市的“三二九”起义指挥部旧址、中山纪念堂和纪念碑、中华全国总工会旧址、广州起义烈士陵园、黄埔军校旧址、清真先贤古墓等共14处以及花县(今花都)的洪秀全和冯云山故居。到2018年，广州至少有48处省级重点文物保护单位。图为20世纪60年代的花县新华公社的洪秀全故居。

◀ 1972年7月，在越华路基建工程施工中首次发现宋代广州城墙遗址。1995年5月3日，广州地铁公园前施工点发现宋代城墙遗址，城墙离地面仅2米，南向西湖路延伸，北向吉祥路、越华路延伸。2015年，在广州市第一人民医院院内的市一大道工地上再次发现宋代城墙。随着以后的几次接连发现，勾勒出比较完整的“宋三城”位置图。图为市一大道上挖掘出来的宋城墙遗址。

◀ 1975年，秦汉造船工场遗址在中山四路被发现。它的发现为研究我国古代造船技术和对外交通提供了重要史料。该工场包括3个长度100米以上的造船台，其中较大的二号船台能造出宽6~8米、长30米、载重50~60吨的木船。由此可见，秦代广州地区已有造船工业的萌芽。秦汉时代是开发海上贸易，将航海向远洋发展的重要时期。

◀ 1982年2月8日，国务院公布第一批中国历史文化名城名单，共有24个城市上榜，广州市位列其中，也是广东省唯一的上榜城市。图为位于孙中山文献纪念馆内的番山亭，番山亭被认为是广州城也即番禺城开始的标志之一。

▲1983年6月，在广州市区北面越秀公园西侧象岗山，建筑人员在施工中发现一座石室。经考古人员检测确认为南越国国王赵眜的王陵。是迄今岭南地区发现的规模最大、随葬品最丰富的一座汉墓。图中“文帝行玺”龙钮金印确定了墓的主人，即属于赵眜的王陵。

▲在这座王墓中，发现各种文物珍玩、青铜器、陶器、乐器和其他随葬品共一万余件，集中反映了2000多年前南越国政治、经济的发展状况，其中就有一件丝缕玉衣。南越王墓出土的丝缕玉衣是中国考古历史上所见的最早的一套保存完备的丝缕玉衣，且从未见于文献和考古发现中，比名闻天下的河北中山靖王墓中刘胜所穿的金缕玉衣所属时间还要早12年。图为两名年轻的游客在复制的玉衣模型前驻足观看。

▼南越王墓是广州珍贵的历史文物遗产，是中国重大的考古发现之一。原地建成的西汉南越王博物馆以古墓为中心，依山而建，是岭南现代建筑的一个辉煌代表，曾获得6项国内外建筑大奖和“二十世纪建筑精品”的提名，被评为“中国二十世纪经典建筑”之一。1996年被列为全国文物重点保护单位，2008年跻身首批“国家一级博物馆”行列。

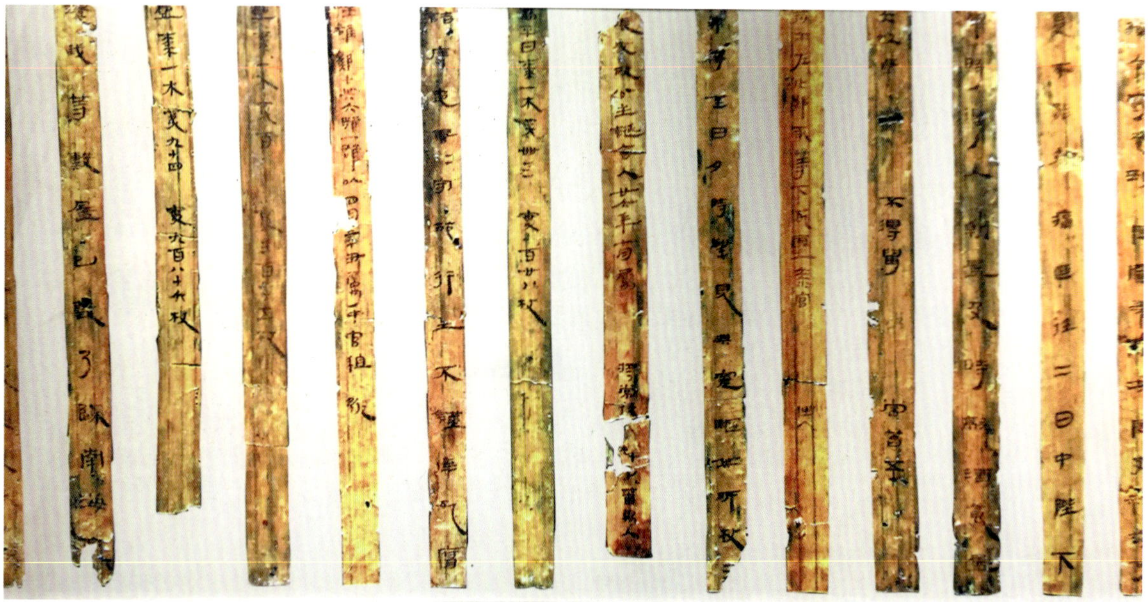

▲1986年8月29日，省内首次发现孙中山题写的碑文。1988年9月，广州地区发现了规模最大、保存最为完整的汉代建筑遗址。在广州中山五路百货商店工地发现一大型汉代建筑遗址，并出土汉砖、“万岁”瓦当、五铢铜钱等文物。2005年1月，在广州南越王宫署遗址考古工地的一口古井中，挖掘出19片木简。这是岭南地区考古史上首次发现简类文物。图为挖掘出来的木简。

▼2010年11月，国家文物局正式公布重新设定的《中国世界文化遗产预备名单》，共45处。广州的南越国遗迹和海上丝绸之路史迹同时入选。图为黄埔古港现景。

▲由孙中山先生创办的黄埔军校，以“亲爱精诚”为校训，以培养军事与政治人才，组成以黄埔学生为骨干的革命军，实行武装推翻帝国主义和封建军阀在中国的统治，完成国民大革命为目的。黄埔军校大部分建筑物于1938年被日军飞机炸毁，1965年基本恢复原貌。1984年6月18日，黄埔军校旧址纪念馆建成。图为20世纪70年代的黄埔军校修复现场。

▼1996年，广州市政府按国家文物局批复的“原位、原尺度、原面貌”原则对黄埔军校部分建筑重建，6月16日奠基，11月12日落成，面积10600平方米，耗资2000多万元，复原了孙中山、廖仲恺、周恩来及教授、教练、管理、军需、军医各部的办公室和课室、师生的饭堂、寝室等。2005年，又投入1400多万元进行全面修缮。

◀1991年2月8日，广州市举行南海神庙复原落成典礼。南海神庙始建于594年（隋开皇十四年），距今1400多年。南海神庙位于黄埔区庙头村（旧称扶胥村），是古代朝廷祭祀海神洪圣的场所。该庙地处古扶胥口黄木湾，庙前是古代码头遗址，为南海海上丝绸之路发端于广州的历史见证。2013年，被国务院公布为第七批全国重点文物保护单位。

▼2000年6月24日，公布首批历史文化保护区和“老字号”，包括沙面、新河浦、越秀区的古书院群、上下九一第十甫、传统中轴线、荔湾区耀华大街、华侨新村等14个历史街区和广州酒家、陶陶居、北园酒家、大同酒家、成珠酒家、爱群大厦、趣香饼家、致美斋、南方大厦百货商店、鹤鸣鞋帽商店、海珠大戏院、太平馆等27家老字号。图为二十世纪六七十年代的农讲所。

▲2006年7月1日，中共三大会址、中共中央机关旧址保护工程竣工暨纪念馆落成典礼在中共三大会址广场举行并正式向公众开放。图为位于新河浦的中共三大旧址。

▼2001年11月1日，市政府公布《广州沙面建筑群保护规划》，确定沙面建筑群的保护范围为整个沙面岛，连同建筑群同一时期内所形成的街巷布局及环境。沙面建筑群分为文物建筑、景观风貌建筑和整治建筑三大类。这是全国第一例对文物保护群进行的单项规划。图为航拍的沙面。

◀2001年8月18日，占地面积为692平方米的锦纶会馆（位于下九路西来新街）开始平移。至9月27日，锦纶会馆平移工程完成。会馆被纵移80.4米、横移22米。对砖木结构的古建筑进行平移，在国内尚属首例。

◀锦纶会馆成功从下九路西来新街21号平移到华林寺附近，创下了文物保护的两项纪录。图为移动完成后的锦纶会馆。

◀2007年5月11日，广州旧城改造试点项目——荔湾区恩宁路连片危破房改造项目正式开始动迁。该改造项目占地面积1万平方米，需拆除房屋约15万平方米，涉及住户2100多户。图为2018年12月，航拍恩宁路二期微改造后的成果。

第二节
粤腔粤调粤文化

自北宋开始由粤北南雄珠玑巷陆续南迁到珠江三角洲地区的中原及江南移民，形成一种独特的文化——广府文化。广州话称为“粤语”，广州方言歌统称为“粤讴”，广州戏剧音乐分别称为“粤剧”“粤曲”“广东音乐”等，以广州为中心的广府文化，表现在建筑、艺术、宗教、戏剧、音乐、文学、绘画、工艺、饮食、园林、风俗等各个领域。

粤剧

▲粤剧是我国南方一大剧种，流行于我国广东、广西、香港、澳门地区和东南亚、美国、加拿大的华侨聚居地区，唱念均用广州方言。它以梆黄为基本曲调，同时又吸收广东民间乐曲和时调。清同治六年（1867年），艺人们在黄沙承祥坊（一说同德大街）兴建粤剧演出营业机构吉庆社公所，次年建成。后来公所负责人倡议建立粤剧界的同业公会——八和会馆，并于光绪十五年（1889年）在黄沙海傍街（今广州铁路南站工人宿舍一带）建成。图为八和会馆。

▲到清末，粤剧的演出场所越来越多，其中海珠大戏院开始逐渐名扬省港澳，生意兴隆，对戏班和观众都具有巨大的吸引力。过去的省港大班，均极力争取到“海珠”演出，尤其是新组班到该戏院演头台。图为海珠大戏院旧址。

◀1953年2月14日，广州粤剧工作团成立。该团在广州曲艺大队基础上组建，是广州市属第一个全民所有制的粤剧团，由广州市文化局领导。1957年与珠江剧团合并为广州粤剧团。1979年，红线女加入广州粤剧团，任艺术总指导，并于1990年组建以培训为主要任务的小红豆粤剧团（后改称红豆粤剧团）。图为广州粤剧工作团1954年七八月间上演新粤剧《李闯王》的剧照。粤剧著名演员薛觉先在剧中饰李岩。

◀1953年12月，广州市戏曲改革委员会举办广东地方戏会演。图为由卢启光主演的粤剧《薛礼叹月》剧照。

▲1954年，广州粤剧开始改革创新，从体制方面入手，经过各方面调整，省、市国营粤剧团初步建立起综合艺术的体制，涌现出一批“好看有益”的粤剧剧目，其中由杨子静、莫汝诚于1954年改编的《搜书院》，是这次粤剧改革创新的典型代表，被誉为粤剧改革创新的里程碑。该戏进京演出时受到毛泽东、刘少奇、周恩来的好评，粤剧被周恩来赞誉为“南国红豆”。图为1957年根据广东粤剧团马师曾、红线女主演的粤剧拍摄的电影《搜书院》剧照。

◀粤剧经过此次改革创新，涌现出大批表演艺术家。薛觉先、马师曾、白驹荣等老艺术家的表演艺术又有新的创新和发展，青年演员罗家宝、陈笑风等也开始唱红，在编剧、导演、舞台艺术、音乐设计等方面也涌现出一批新人。这时的粤剧改革创新强有力地推动了粤剧的发展。图为20世纪50年代，著名粤剧演员白驹荣(右)、文觉非出演粤剧《拉郎配》。

▲二十世纪六七十年代，很多粤剧演员深入农村体验生活。图为红线女在与乡村妇女交谈。

▼1965年7月1日—8月15日，广州举行中南区戏剧观摩演出大会，有20个剧种、40多个戏剧团、3000多名戏剧工作者参加。粤剧也随着时代的发展不断变革，一批现代剧相继产生。图为1974年的粤剧戏曲片《沙家浜》。

▲1982年6月，粤剧团赴加拿大、美国的7个城市进行为期两个月的访问演出。图为著名粤剧表演艺术家红线女、陈笑风在粤剧《刁蛮公主》中饰凤霞公主、孟飞雄。

►1989年10月9—18日，第二届中国艺术节（中南片）在广州举行。来自中南区六省及武汉、广州、深圳等三市的18个艺术表演团体1000多名文艺工作者演出了15台34场剧（节）目，观众达5万多人次。1990年12月12-20日，首届羊城国际粤剧节在广州举行，来自8个国家和地区的36个社团，共2691人参加演出。图为来自各国、各地区的粤剧花旦同台亮相的场面。

►改革开放以来，粤剧进一步向纵深发展，民间社团蓬勃发展。不少业余粤剧粤曲团体，如南方大厦业余粤剧团、荔湾区红英粤剧团、越秀区德成粤剧团、大新街青年粤剧团等。这些团体多年来长期参加市、区组织的粤曲、粤剧演出和比赛，并多次获奖。“私伙局”的数量也不断增加，仅仅荔湾区就有“私伙局”40多个，规模较大的有和声乐社、荔红乐社、荔苑乐社、新蕾乐社等。图为民间粤曲表演。

▲1996年6月23日，红线女艺术中心在天河珠江新城奠基。1998年12月，广州市政府为表彰著名粤剧表演艺术家红线女从艺60周年特建“红线女艺术中心”。图为红线女艺术中心。

▼进入新世纪，广州市进一步加大对粤剧的保护力度，并把粤剧作为实施粤港澳大湾区建设的重要基础。2009年10月，粤港澳三地联合申报的粤剧正式列入联合国教科文组织“人类非物质文化遗产代表作名录”。图为2008年11月，第五届羊城国际粤剧节，广州粤剧团编创的大型粤剧《三家巷》。

▶2012年11月26日，粤剧艺术博物馆奠基仪式在广州市荔湾区恩宁路举行，2016年6月9日正式对外开放。博物馆总占地面积1.72万平方米，建筑面积2.17万平方米，沿荔枝湾涌三期分为南北两岸，建筑形制为岭南园林风格的仿古建筑群；基本陈列展厅面积1900平方米。粤剧艺术博物馆为市民提供了一个集粤剧艺术“展示、体验、互动”于一体的文化空间。图为俯瞰粤剧博物馆。

▼多年来，广州为粤剧保护提供了“三位一体”的“广州经验”。其中，“一体”即以粤剧生命力为本体。“三位”则是以遗产粤剧为主体，以民俗粤剧、艺术粤剧为两翼的保护理念；政府为主导，直接传承人群为主体，间接保护人群为辅助的保护共同体；以物化记录、活态传承为主，以创新发展和教育传播为两翼的保护路径。广州市各级部门举办粤剧私伙局比赛，培育后人是其中重点用意，给粤剧注入新鲜“血液”。图为荔湾区青少年宫团队表演《鱼仙戏浪》。

▼2014年，制订《广州市进一步振兴粤剧事业总体工作方案》；2019年5月，制订《广州市进一步振兴粤剧事业工作方案(2019—2021年)》。通过实施中长远的7大工程和3年重点工作15项，到2022年，在珠三角地区形成以广州为核心的中国粤剧文化中心。图为粤剧演员盛装巡游荔枝湾涌。

醒狮

▶清代起，今越秀区大新路一带已成为彩扎行业集中之地，尤以狮头扎作扬名。民国时期名店有金声、先声、全声、德声等。新中国成立后，各店合并组成中娱乐器生产合作社，彩扎品种过千种，其中狮头占很大比例，产品有金狮、彩狮、张飞狮、关公狮、马装狮、佛装狮、鹤装狮、麒麟狮等10多种，名艺人有邓松、吴玉麒、廖珠、陈钊等。图为1955年春节前夕，广州大新路江龙狮鼓店工人在赶制狮头。

▶狮头每一种都有许多变化及型号规格，从巴掌大小的微型狮到一两米直径的巨狮都有，加上历年产品，现在仍制造的还有300多种。如今，大新路上仍有多家以狮头扎作为主业的工艺店，在规模上是广州最大的。目前最著名的是全声醒狮用品店。清末，钟柳镇在东莞开设醒狮作坊。20世纪30年代，其第四代传人钟国森与其大伯合伙在大新路开设金声醒狮用品店，后再独力开设全声醒狮用品店。图为狮头龙架。

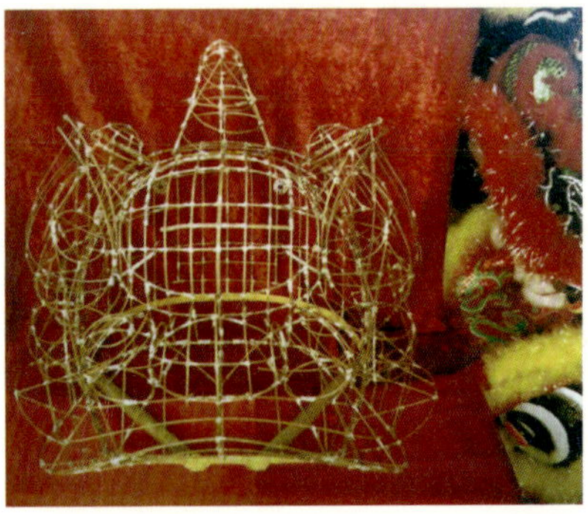

▶至新中国成立初，大新路上有二三十家醒狮用品店，其中钟氏家族经营的就有六七家。全声醒狮用品店于1983年由第五代传人钟嘉超重开，其弟及女儿一家均从事该行业，产品远销国内外。

广绣

▲广绣在唐代已有。广绣是广州及邻近的南海、番禺、顺德等地民间刺绣工艺品的统称。新中国成立后，广绣从私营绣庄向合作化、专业化发展。1956年，广州刺绣实现全行业合作化。1957年，坐落在越秀区长堤二轻大楼的广州市工艺美术研究所成立，在配备绣工、设立实验工厂的同时，吸收一批美术学院毕业生和美术专业人才从事绣稿的设计和绣制。图为早期的广绣工作场景。

◀曾任广州市工艺美术研究所副所长的余德(1880—1966)，广东四会人，17岁开始学刺绣，后成名师，不但绣工好，还能独立设计图稿，尤以绣牡丹花见长，又始创金鸡、牡丹及孔雀等刺绣大挂画，人称“绣花王”。其作品《孔雀牡丹花会》于1915年在巴拿马万国博览会上获一等奖，《寿狮》于1923年获英国伦敦大铁桥开幕赛会二等奖。1957年出版《广州刺绣针法》一书。他被广州市政府授予“刺绣老艺人”称号。图为20世纪50年代著名广绣老艺人余德(右)向学徒传艺。

▲曾任广州市工艺美术研究所副所长的梁纪，获广东省政府授予广东省一级工艺美术大师称号，设计了不少广绣图稿，其中包括挂在北京人民大会堂的巨幅刺绣《红棉孔雀》金银线绣。作品多次参加国内外大型展览并获奖，并被选送日本、美国、加拿大、澳大利亚、新加坡等国家和香港等地区展出。图为广绣制作过程。

▼陈少芳，女，原籍番禺，1962年毕业于广州美术学院国画系，师承关山月、黎雄才等绘画艺术家。2001年被评为广东省一级工艺美术大师。她的《晨曦》《春日》《红荔鹦鹉》《牧羊姑娘》等10多件作品获得高度评价，被珍藏于广东民间工艺博物馆中。图为陈少芳在介绍作品。

牙雕

◀广州牙雕工艺的历史源远流长，广州西汉南越王墓出土文物中有象牙制品。民国时期，大新路、玉带濠一带发展成为著名的“象牙街”。1950年，广州象牙输出入联营社成立。1955年2月，广州市第一象牙雕刻生产合作社正式开业，社员46人。1958年，广州第一象牙雕刻生产合作社转为地方国营大新象牙工艺厂，职工发展至179人，年产值达127.29万元。图为20世纪60年代有“花王”之称的老艺人黄金洪，是专刻象牙花草的名手。

◀象牙球是广州牙雕双璧之一。翁昭、翁荣标父子以镂空象牙球著名，翁荣标把象牙球的层数增加到30层，到1979年续出层数达45层。郭康、翁荣标、冯近合作的29层牙球《金鱼戏水》被选入北京人民大会堂广东厅陈列。1960年8月，翁昭、翁荣标、郭康、冯近、罗振成、黄金洪、邹安、莫荣、周校全、白三等14人被广州市人民委员会授予象牙雕刻老艺人和艺人称号。图为象牙球作品。

◀1976年牙雕行业恢复创作生产传统工艺品，产值大幅度提高，1978年产值达到633万元，广州牙雕业进入全盛时期。广州的牙雕艺人亦进一步弘扬牙雕工艺。1989年10月，包括中国在内的90个国家在瑞士洛桑通过国际决议，决定1990年起执行禁止象牙原料及制品贸易禁令。自此，雕刻大师转用骆驼骨、牛骨做材料，使象牙雕刻工艺不致湮灭。图为骨雕《福如东海》。

广彩

▶广彩是广州织金彩瓷工艺的简称，也是广州著名的民间工艺。广彩源自明代的广州民间绘瓷，即以红、黄、绿三色绘制碗、碟、壶、杯等日用瓷器。广彩产品逐渐受到中外贵族的喜爱，清廷将其列为贡品，外国王室贵族纷纷遣人来样订货，广彩烧造逐渐成为一个独立行业。清初，西方珐琅技法传入中国，广州工匠采用珐琅彩颜料及其技艺于白胎瓷器上绘图，制造出驰名中外的广彩瓷器。图为20世纪80年代的广州珐琅五金工艺厂生产的珐琅制品。

▼清乾隆四十三年(1778年)，广彩已设立行会组织"灵思堂"，清会址初在今文昌路毓桂三巷，后迁至河南(今海珠区)龙田村一带。20世纪初，画家潘达微、高剑父、陈树人等在今海珠区宝贤大街创办美术瓷窑制作广彩。新中国成立后，广州建厂生产，厂址先在大德路，后迁芳村，名为广州织金彩瓷工艺厂，员工最多时达1200多人，创新产品500多种。图为二十世纪七八十年代销售广彩的场面。

◀当代广彩著名艺人有被评为中国工艺美术大师的赵国垣，广东省工艺美术大师王兆庭、司徒宁、许恩福等。赵国垣(1925—1991)，男，广东顺德人，出生于广彩世家赵兰桂堂，该堂创于清同治年间。赵国垣自小随父母学艺，掌握广彩各工序的技能，十多岁便能独立设计广彩花式画面。他是当代广彩元老之一，一批作品被各级博物馆收藏。他擅长画人物，将广彩折色、长行两种技法并用，画工精细，生动传神，用色和谐典雅。图为广彩作品。

▶“波罗诞”是广府文化里的一个重要符号。相传唐代时，一位天竺（印度）属国波罗使者来华，因故误了归期，终老于广州，后被封为“达奚司空”，建海神庙供奉。因其来自波罗国，带来波罗树，在南海神庙种植了波罗树，神庙在民间又被称为“波罗庙”，设定的生日也被称作“波罗诞”。因此南海神诞也就被称作“波罗诞”。2005年3月18—22日，首届“广州民俗文化艺术节暨黄埔‘波罗诞’千年庙会”在黄埔南海神庙举行，超过30万国内外人士参观游览。图为2012年黄埔“波罗诞”千年庙会。

▼2007年5月18日，市政府将“五羊传说”等35个项目列入广州市第一批非物质文化遗产并予以公布。首批公布的非物质文化遗产共分为民间文学、民间音乐、民间舞蹈、传统戏剧、曲艺、民间美术、传统手工艺、传统医药和民俗等九大类，项目包括五羊传说、广东音乐、广州咸水歌、广州客家山歌、岭南古琴艺术、广东醒狮、黄阁麒麟舞、鳌鱼舞、舞火狗、舞貔貅、粤剧、粤曲、木鱼书说唱、粤语讲古、广绣、广彩、象牙雕刻、广州灰塑、广州砖雕等。图为屋顶装饰——陶塑、灰塑。

▶2010年10月30日，广州中山四路城隍庙举行“广州都城隍庙修复开放暨开光庆典”活动，免费对外开放，恢复烧香等传统宗教活动。

第三节
学校教育

20世纪70年代以来，广州各级各类教育全面普及，全面素质教育成效显著，教育质量稳步提高，城乡教育资源配置渐趋均衡，高校科研引领支撑创新驱动发展战略，职业教育校企合作服务经济社会发展。到2020年，广州将全面实现教育现代化，率先建成学习型社会和人力资源强市，打造世界前列、全国一流、广州特色、示范引领的现代化教育。

▲广州解放伊始，人民政府着手对旧有学校进行接管和整顿改造。全市214所私立中小学和16所教会主办的中小学改为公办学校。1952年9月，教忠与力行学校合并，1953年10月，政府接管“教忠”，并更名为广州市第十三中学。图为1950年力行中学毕业照。

▲1949年，全市仅有62所幼儿园，且多数附设在小学内，单独设立的只有10所，其中公办只有1所。至1956年，全市幼儿园已发展到360所。图为新中国成立初期仅有的1所公办幼儿园——中山六路幼儿园的小朋友在上课。

▶广州市幼师天河附属幼儿园的前身是教会办的女青年幼稚园。图为新园建筑的外貌。

◀广州解放初期，人民政府接管的中等职业学校只有3所，包括师范学校、财经学校以及外国人开办的护士学校各1所。图为1950年护士学校学生留影。

►创办于1921年的广州市立师范学校在新中国成立后改名为广州粤秀师范学校。1952年，协和女子中学并入广州粤秀师范学校。1953年改名为广州师范学校。图为解放初期的师范学校校园内的协和堂。

◀业余学校也在兴起。工农速成中学为提高工农干部的文化水平起了重要作用。1950年底，全市已经有各类业余学校（班）219间，工农学员达24718人。

廣州・國民
文化・廣法 四院校決合併
成立華南聯合大學

【本市訊】本市私立廣州大學、國民大學、文化大學和廣州法學院等四院校，為了加强團結合作，發展高等教育，在自願的原則下，決定進行合併，以便適應祖國的需要，培養專門人才。經過多次的協商，已決定校名爲「華南聯合大學」，並推定李景遠、許崇清、陳汝棠、蕭冠英、古文捷、盧頌東、盛明生、朱增琳、葉啓芳九人爲籌備委員，以李景遠爲主任委員，謝樹英爲主任秘書。中央人民政府教育部和中南軍政委員會教育部原則上都已同意這決定。廣東省文教廳對於四院校的合併也積極的予以指導和協助。該四校合併後，統一分工的原則，已初步確定爲：就各校原有的基礎和將來適當的分工，調整院系，並已決定設立文法、財經和理工三學院。文法學院以原來廣州法學院爲院址，財經學院以原廣州大學爲院址，理工學院以原國民大學爲院址。大學部來季不招生，但招專科及技術訓練班新生。附中方面，廣大附中、民大附中及廣法中學（文化大學無附中）亦決定合併，並決定以民大附中爲校址。（豫多）

►1951年1月31日，私立广州大学、国民大学、文化大学及广州法学院4所院校自愿合并，定名为私立华南联合大学。原院校附设中学也合并，定名为私立华南联合大学附中。

▼新中国成立后，广州市于1951年建立第一所中学叫作“广东育才学校”，也就是后来的第六十二中，即现在的广州育才中学。校址位于越秀山的镇南路上。图为1951年在越秀山镇南路上的校舍。

▲1952年11月10日，华南农学院开学。该校由中山大学农学院、岭南大学农学院及广西大学农学院畜牧兽医系一部合并组成。著名水稻专家丁颖教授担任首任院长。1984年更名为华南农业大学。图为1965年的广州石牌大学校区鸟瞰。

▲1952年10月，正式建立华南工学院。以当时的国立中山大学、岭南大学、华南联合大学三校的工学院为主体，以及湖南大学、广西大学、武汉大学、南京工学院等中南五省共12所院校的有关系科合并，在当时的国立中山大学原址建立华南工学院，后更名为华南理工大学。图为1953年新建的华南工学院图书馆大楼。

▲在广州高等教育系统院系调整后建成的华南师范学院。图为华南师范学院课室大楼。

▲1953年8月12日，岭南大学医学院、中山大学医学院合并为华南医学院（1954年光华医学院并入）。1957年改名为中山医学院。中山医学院建立了完善的现代医学教育体系，拥有一批在国内外医学界有较大影响力的大师和名家，教学、科研和医疗取得了较大的发展，成为中南地区最高医学学府和卫生部直属的六所全国重点医学院校之一。

▲1955年的中山大学附设工农速成中学理科一年丙班在上地理课。该校创办于1951年3月，是专为有高小程度的优秀工农干部和产业工人准备深造而设立的。

▲1956年9月，广州市167所私立小学、6所街道民办小学、1所聋哑学校全部改为公立小学。学生学杂费即按公立小学收费标准，学校行政领导除个别适当调整外，一般保留原职，教职员工待遇从9月份起，也按公立学校教职员工标准执行。图为1963年，广州市第八中学、第二十二中学都设在白鹤洞，许多工人子弟在这里就读。

►图为1960年，华南师范学院石牌附中学生在晨读。

►国务院决定在北京、上海、成都和广州建立4所中医学院。1956年9月5日广州中医学院正式开学，开始招收我国第一批学习中医的大学生。第一年招收高中毕业生、年轻中医、在职卫生干部、中等医药学校优秀毕业生共120名学生。入学后一律免收学杂费，普遍发给人民助学金。参加工作3年以上的在职干部，按调干学生助学金待遇。开院之初，暂以广东省中医进修学校为临时院址。图为1964年的广州医学院教学楼。

▲1958年，广州地区中专学校有一定的发展，一年内新增16所；至1960年，已发展到42所，在校生2万多人。其后，进行两次整顿压缩，至1962年只保留16所，其中市属2所（不含师范），即广州市第一人民医院卫生学校和广州市第二人民医院护士学校。图为市二医护士学校药剂专业学生在实验室操作。

▼1958年，广州和全国一样出现大办高等教育热潮，共增设高校20所。从1962年6月起，为配合国民经济的调整、巩固、充实、提高，决定撤销合并部分院校，全地区25所普通高校经裁并后保留13所。广州医学院为保留院校之一。图为1958年创办的广州医学院，是广州市主办的第一所普通高等学校。

▲1958年，在“教育为无产阶级政治服务，教育与生产劳动相结合”方针指导下，公办学校增加，民办学校兴起，郊区一批小学附设初中班。1961年后，中学执行《全日制中学工作条例(草案)》，教育教学工作走上正轨。图为二十世纪六七十年代，广州中学生“雷锋小组”利用假日，到公共场所参加劳动。

▼1958年9月24日，暨南大学重建后在石牌开学。暨南大学前身是1907年创办于南京的“暨南学堂”，是我国建立的第一所华侨大学，招生对象主要是华侨子弟。1921年迁至上海西乡真如，1927年改为国立暨南大学。1949年，暨大分别并入复旦大学、交通大学、南京大学和浙江大学，除保留校名外，实际已经解散。新中国成立后，第一所华侨大学选择在广州建设，1958年在广州重建。图为1959年该校的校门。

▲1958年8月15日，成立广州师范学院。1961年9月合并到广东师范学院。1978年12月复办。1959年3月10日，成立广州美术学院。1960年9月1日，广州广播电视大学正式开学。1962年在各区、工厂举办的红专大学、业余大专班的基础上，调整合并成立广州业余大学，是广州第一所成人高等学校。图为当时的广州业余大学。

▼1963年4月18日，市人委决定调整重点中小学。广州实验学校、执信中学、市二中、广州第一师范学校为市重点中学，广雅中学、市一中既是省重点学校同时亦是市重点中学。中山四路小学、复兴路小学等为省重点小学，同福中路一小同时也是市重点小学。再增加保安街小学、旧部前一小、菩提路小学、朝天路小学、广州第一师范附属小学为市重点小学。图为20世纪60年代市一中的化学老师在备课。

▲从1968年起，全市数十万名中学生开始下乡务农，市区中学普遍在郊区建立农村分校。1969年10月，中学实行四年二二分段制（初中、高中各两年）。中学文化课占40%，政治课占30%，学工、学农占20%，军体和机动时间占10%。中学必须要建立学工、学农基地。图为学生们在农村劳动。

►20世纪60年代前后，为满足幼儿教育的需要，开始"以公代民"，办起了厂企、街道、农村、部队幼儿园。1960年幼儿园增加到2034所。图为20世纪70年代的广州东山区烟墩路幼儿园。

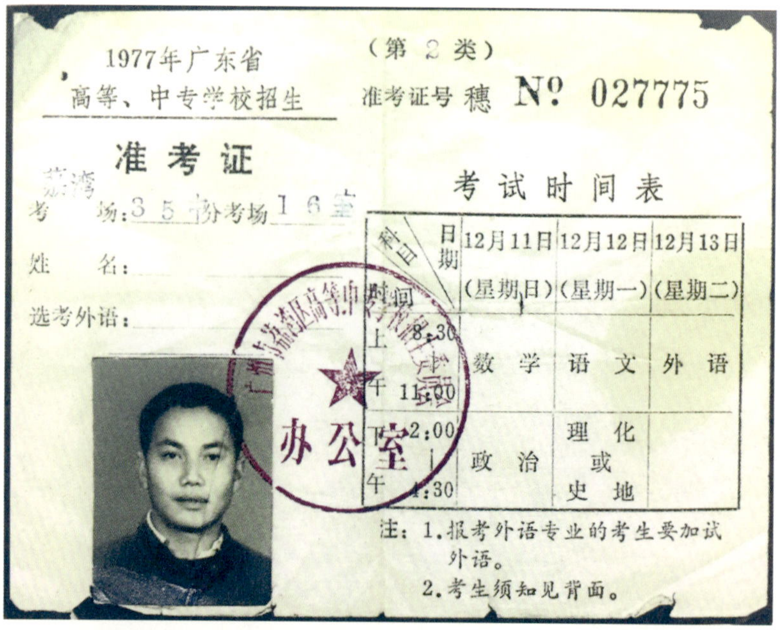

1977年广东省
高等、中专学校招生

准考证

（第 2 类）

准考证号 穗 № 027775

考　场：3 5 分考场 1 6 室

姓　名：

选考外语：

考试时间表

时间 \ 日期	12月11日（星期日）	12月12日（星期一）	12月13日（星期二）
上午 8:30—11:00	数学	语文	外语
下午 2:00—4:30	政治	理化或史地	

注：1.报考外语专业的考生要加试外语。
2.考生须知见背面。

办公室

◀1977年10月12日，教育部根据中央指示决定恢复高考招生制度。同年10月，广东成立省高等学校招生委员会，决定从当年起，在全省实行新的招生制度。图为1977年广东省高考准考证。

◀1977年11月4日，广东省部分高等院校恢复原校名：华南工学院、华南师范学院、广州外国语学院、华南农学院、广州中医学院。广东人民艺术学院分为广州美术学院和广州音乐专科学校。1978年6月9日，停办8年的暨南大学复办。图为20世纪70年代的中山大学学生。

▶1978年1月28日，广东省决定办好一批重点中学、小学，其中广州广雅中学、执信中学，从化县从化中学，新丰县红卫中学，龙门县龙门中学等68所中小学被确定为重点学校。1978年9月1日，新学年开始，全市中小学恢复升学考试制度。图为广州市西增路小学师生在课堂上。

▶1978年3月，广东高等学校和中专学校录取工作结束，录取本省高校的新生有7500多人，录取外省高校的新生有1200多人。图为1978年中山大学阶梯教室新生在上课。

▲1980年，国务院批转教育部、国家劳动总局《关于中等教育结构改革的报告》，随后广州市着手调整单一的中等教育结构，大力发展中等职业教育，逐步形成多形式、多层次、多渠道的中等职业教育体系。广州市电子信息学校是首批改办的职中之一。图为该校电气专业学生在实验室进行线路安装实习。

▲创办于1983年4月的全日制综合性大学——广州大学。图为兴建中的广州大学校舍。

▲1985年，为配合广州地区实施“普九”，广州市以广州教育学院为依托开办广州高等师范专科学校。图为该校新建图书馆。

▲1985年起，中山大学连续举办三次校园歌曲演唱会，引起社会各界的强烈反响。图为中山大学学生在欢唱《康乐园之歌》。

◀1986年3月,《广州市九年制义务教育实施方案》通过。广州在全国率先建立“分级办学、分级管理”管理体制,并于1993年在全国率先实现“普九”,小学升学率从1985年的62%提高到96.6%。图为1981年,广州市乐贤坊小学进行“五讲四美三热爱”评比活动。

▼从1987年开始,在市属中学分批实行聘任校长、聘任教师、校长负责制、教师岗位责任制、学校经费总额包干、浮动奖励工资等六项改革。图为广雅中学的工作现场。

▲1989年1月12日，成立广州市教育基金会。该基金是一个以“兴教育才、奖优助学”为宗旨的社会公益团体，资助教育重点项目的建设，扶助困难学生学习和患危重病的学生诊疗，为促进广州市尊师重教社会风尚的形成和推动广州市教育事业的发展做出了贡献。

▲1989年开始，成立市、区、校三级德育机构，协调社会各方力量共同参与中小学德育工作。图为1993年7月，广州市荔湾区乐贤坊小学在全国率先成立第一所家长学校。

▲党的十一届三中全会后，恢复了招生考试，恢复重点中小学设置，撤销农村分校，撤销小学附设初中班，调整中学规模。1981年，全市有重点中学14所，重点小学24所。1980年3月28日，广东省召开首次特级教师命名大会。在全省17名特级教师中广州市有广雅中学李郁文等5名教师当选。到1990年，广东省人民政府先后批准广州市特级教师共63人。

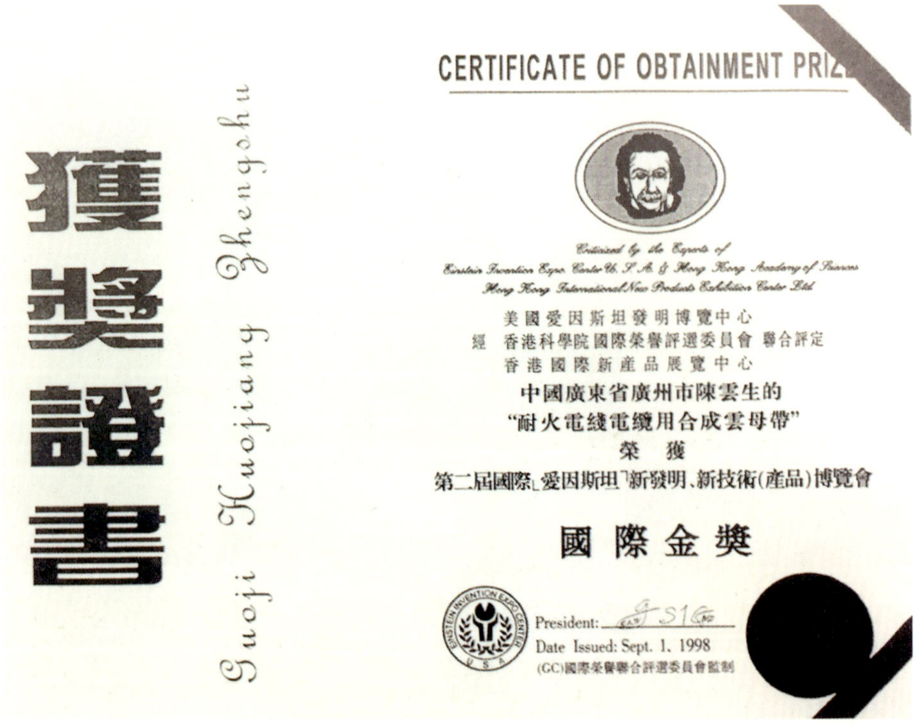

獲獎證書

Guoji Huojiang Zhengshu

CERTIFICATE OF OBTAINMENT PRIZE

Criticized by the Experts of
Einstein Invention Expo. Center U. S. A. & Hong Kong Academy of Sciences
Hong Kong International New Products Exhibition Center Ltd

經 美國愛因斯坦發明博覽中心、香港科學院國際榮譽評選委員會、香港國際新產品展覽中心 聯合評定

中國廣東省廣州市陳雲生的

“耐火電綫電纜用合成雲母帶”

榮獲

第二屆國際「愛因斯坦」新發明、新技術(產品)博覽會

國際金獎

EINSTEIN INVENTION EXPO CENTER U.S.A.

President:

Date Issued: Sept. 1, 1998

(GC)國際榮譽聯合評選委員會監制

▲各区、县级市先后办起成人中专学校，并逐步改善办学条件。图为广州市第一成人中专1989届毕业生陈云生发明的“耐火电线电缆用合成云母带”荣获第二届“爱因斯坦”新发明、新技术(产品)博览会国际金奖。

▲市属高校将军训列入教学计划。图为市属高校1991级新生军训会操表演现场。

▲1991年，广州市组建华南建设学院(西院)。

▲1992年10月，广东省第一所私立大学——私立华联学院成立。该学院是由广州地区部分高等院校的离退休教授及教育工会工作者集资创建，经广东省人民政府批准、国家教委备案的具有学历教育招生资格的普通高等学校。图为该校的开学升旗仪式。

▲1995年全市中小学实现“两机一幕”（投影机、录音机、银幕）进课堂，部分学校还配有电视机、录像机、摄像机和闭路电视、广播系统。部分中小学应用电脑辅助教学和辅助管理，实现校内联网。近20所学校利用现代设备，建立了学生电视台。图为广园中学电视台“记者”在工作。

▲新中国成立以来，由于各级政府的重视，特殊教育和工读学校都得以迅速的发展，形成了以随班就读和特教班为主体、特殊教育学校为骨干兼送教上门的格局。1997年，广州市政府颁布《广州市残疾儿童少年义务教育“九五”实施方案》，把特殊教育纳入“普九”评估范围。1997年，复办了新穗（工读）学校。

▲1998年，广州市和各区（县级市）、镇、村各级共投入2亿多元，新建校舍13.3万平方米。图为原来的越秀区司马坊小学变成崭新的“八一希望小学”。

▲2000年4月，广州大学、广州师范学院、广州高等师范专科学校、广州教育学院、华南建设学院西院、广州市城建职工大学、广州建筑总公司职工大学、广州市联合职工大学的电信学院和纺织学院等9所院校合并组建成新的广州大学。图为新广州大学挂牌仪式。

▲广州大学城位于番禺区小谷围街道，城区分布在珠江两岸，面积为34.4平方公里。一期进驻地为小谷围岛，岛内面积18平方公里。广州大学城总体规划建设于2003年1月正式启动。图为小谷围拆迁前的岛上村庄。

▼按照规划，广州高校新校区可以容纳学生18万~20万，总人口达35万~40万（包括村镇人口），是当时全国规模最大、规划起点最高的大学城。图为灯火辉煌的施工现场。

▲2003年1月22日，广州市委市政府召开会议，按照“统一规划、统一建设、统一管理”广州大学城的要求，成立了广州大学城建设指挥部。大学城一期工程包括225万平方米的房屋建筑、所有城市市政、公共及校园绿化、公共配套设施，以及配套的水、电、煤气等公用基础设施，相继建成并投入使用。图为一名施工人员拿着一块规划板走过施工现场。

▼2004年8月底，入驻高校的8000多名师生如期进驻。2004年9月初，31000多名新生和4000多名教师也相继进驻。广州大学城成功实现开学招生。图为广东药学院迎接大学城校区新生。

▼从2004年9月1日一期进驻的10所高校发展到现在，大学城已经成为广州教育强市不可或缺的重要组成部分。图为航拍大学城部分校区。

第六章

美丽广州

广州的山是美的！
广州的水是美的！
广州的花是美的！
广州的人更美！

第一节
花在城中 城在花中

广州自古享有花城美誉。广州人种花、赏花、爱花的历史从西汉南越国算起，至今已有1700多年的规模化种花赏花历史。花，已经渗入老广的骨髓里，成为广州人生命中的一个重要因素。

▲广州因“花木四时春”被称为“花城”，在国内城市中这一别称和美誉仅广州独有。广州属亚热带季风气候，背山面海，夏季炎热，冬季温暖，且常年湿润，得天独厚的自然条件为花卉生长提供了优良环境。广州花卉常年盛开，花海全年无休，花团锦簇，名曰“花城”，千姿百态、缤纷璀璨的花卉把广州装扮得洁净美丽。图为古人的花市，洋溢着浓浓的田园气息。

▶自20世纪50年代起，文化公园、越秀公园等公园举办一年一度的“迎春花会”。通过精心策划主题，创新设计景组，恰当安排文化活动，把广州打造成一个繁花似锦、欢乐祥和的花之海洋。迎春花会是除夕花市的延伸，是广州花城的浓缩。图为1961年文化公园的迎春花会。

▼此后每年秋季，“花城”广州各个公园都会举办菊花展览。文化公园、越秀公园、流花湖公园、荔湾湖公园等还会根据民间传统节日或习俗举办中秋灯会、羊城菊会等各类花展。1953年，广州文化公园首次举办菊展。60多年来，菊会所展出的菊花已由最初的数百盆增加到成千上万盆。图为1984年文化公园举办的菊花展。

▶1982年6月，经广州市花评选委员会推荐和市民推选，木棉花成为广州市市花，象征着广州蓬勃向上的事业和生机。木棉花颜色如同被英雄的鲜血染就，又称“英雄花”，开得红艳而不媚俗。每年春天，一江春水绿，两岸木棉红。十丈木棉花灿烂，珊瑚吐艳红遍天。图为1979年3月，英雄花开五羊城。

▶1985年，广州提出“三年美化广州城”阶段性奋斗目标，把城市的点、线、面、立面、空间规划好，形成较科学的绿化体系。从1985年开始，每年进行“花市评靓花”活动，促进花卉生产。同时举办各种园林博览会。图为1987年，广州花卉研究中心从荷兰引进一条工厂化花卉生产线，发展花卉新品种生产。

▼广州曾有一个区叫“芳村”，区内有条街叫“花地”，以花闻世，素有“岭南第一花乡”美誉。今天的芳村仍是全国闻名的花卉产区和集散地。芳村花卉博览中心和花都南方花卉交易中心是全国知名的花卉市场。要专门领略花城特色，可去芳村花市天光墟，再到增南路沿路几十个园艺花圃和花卉博览园，参观云台花园、兰圃和各公园的花卉展览。图为从空中俯瞰芳村五彩斑斓的湛涌花田。

▲广州2001年提出创建国家园林城市，建设“适宜生活居住、适宜创业发展”、人与自然和谐发展的生态广州。2001年12月3日，广州荣获“国际花园城市”称号，成为世界上获此殊荣人口最多的城市。图为2000年12月23日，“千年花城”广州绿意浓浓，首届广州花卉节暨花卉商品交易会在天河体育中心举行。这个持续10天、跨越两个世纪的花卉盛会荟萃了数不清的花卉新品，展示了丰硕的花卉科技成果，弘扬了花城广州魅力无比的花卉文化。

◀广州是全国最大的花卉主产区，花卉贸易居全国第一。拥有花卉种植面积近10万亩，品种2000多个，年产值20多亿元，占全国15%以上。图为1999年的芳村岭南花卉市场。

◀2010年，广州市圆满完成十年城市环境“大变”工程，基本上实现“天更蓝、水更清、路更畅、房更靓、城更美”的目标。2012年，广州大力推进新型城市化发展，走一条城市智慧、社会文明、生态优美、城乡一体、生活幸福的新型城市发展道路。图为2010年，繁花似锦的花城广场。

▲2016年开始，广州实施城市主题花景建设，在全市种植宫粉紫荆、凤凰木、美丽异木棉、黄花风铃木、蓝花楹、无忧树、火焰木等约16000棵开花乔木，打造出花城大道、黄埔大道、天源路、广汕一路、华观路、华美路等多个交错组合的赏花点。图为广州海心沙公园，波斯菊鲜艳绽放，成片粉紫色的花海非常壮观。

▼近年来，通过城市“绿化、净化、美化”工程，广州持续精心打造四季花城，不断优化花景空间结构，完善花景布局，种植开花乔木，平衡赏花点布局，一路一花，街头巷尾皆有花景，立体化地将广州打造成人、自然、城市协调发展的“百花争艳生态之城”。图为木棉绽放的越秀山镇海楼，古雅美丽。

▲2019年6月,《广州市国土空间总体规划(2018—2035年)》草案出台征求意见,老城市新活力,广州要建设美丽宜居花城,活力全球城市。2019年,全市累计建成120个赏花点,形成"人在花中、花在城中"城市景观,花城无处不飞花,"花城"美名更加名副其实。图为路边绽放的鲜花。

◀广州是一个花的世界,花海全年无休,一年四季均可赏花。图为2019年4月,在云台花园举办的郁金香主题花展。

▲高架立交变“空中花廊”。广州市保持全国最长天桥绿化景观领先地位，人行天桥、立交桥悬挂绿化种植养护技术规范成功通过全国花卉标准化技术委员会评审，成为行业发展国家标准。图为执信南人行天桥上的簕杜鹃花开艳丽，好似蜿蜒流淌的紫色河流。

▶按照《广州花景建设规划(2016—2020年)》构想，2019年开工建设一个世界级的全国规模最大、花卉最多、观赏期最长的广州花园，建成广州“城市花心”。图为广州花园花桥效果图。

迎春花市

▲广州人爱花赏花习俗由来已久，广州花市起源于“花渡头”，其形成可追溯到明代或更早，清中叶已形成闻名海内外的迎春花市。一年一度的年宵花市于19世纪60年代在藩署（今省财政厅）前举行，大规模除夕花市则定型于20世纪20年代。新中国成立后，人民政府尊重风俗习惯，每年花市依旧。1950年，市政府在桨栏路恢复办新中国第一个“除夕花市”。图为1954年的桨栏路迎春花市。

▲1951年恢复永汉路（现北京路）年宵花市。1956年，为更好发扬花市传统，分散于各街巷店铺被集中到太平路(今人民南路)，人们用竹竿搭成牌楼和花架，名曰“迎春花市”。1958年，第一次新增花市，设在河南同福西路。图为1955年永汉北路（今北京路）花市，市民在选购盆景。

▶20世纪60年代是迎春花市第一个鼎盛期。1960年，全市花市增至4个，增加了东川路的东区花市。1964年开始设分区花市，中心花市在教育路、西湖路；西区花市在多宝路、逢源路；东区花市先在东较场，1965年迁至东川路；南区花市在滨江路。图为1961年，外国人在花市拍电影。

◀1966年1月的花市，从上一年腊月二十七一直摆到大年初三，时间之长破往届花市纪录，行花街人次超过300万。图为1965年的迎春花市。

◀1967年，花市停办。1973年1月31日，恢复举办春节传统花市，在越秀、荔湾、海珠、东山和郊区划定举办地点。图为1978年广州花市人山人海的场面。

▶以后规模逐年扩大，4个老城区有7条街设置花街。图为20世纪70年代末花市上的场景。

▶改革开放后，花市迎来第二个鼎盛期。20世纪80年代，除越秀中心花市，还有荔湾、海珠等其他9个迎春花市。图为1983年西湖路的迎春花市。

▼1985年，花市时间增为4天，首次开展评靓花活动，由传统桃花、柑橘、水仙、菊花到蝴蝶兰、猪笼草、五代同堂、郁金香、富贵鸟以及各种水培花卉，许多奇花异草亮相。图为花市上着装新潮的女演员正在拍摄电影。

▶1992年，除夕花市档口实施公开招标，分为鲜花档、桃花档、盆橘档、工艺品档等。图为迎春花市游人买风车，转大运，把好事带回家。

▶2003年，“迎春花市”被纳入广州市特色旅游项目。2010年，“迎春花市”列入广州市非物质文化遗产名录，融入粤剧、讲古节目，牌楼设计配合亚运主题。图为2006年越秀东山花市。

▶自2013年起，在传统花市基础上，广州花市拓展迎春花市文化内涵，打造“广州过年 花城看花”城市文化品牌。众多中外游客来广州一起庆新年，共同感受这座千年花城的魅力。“广州过年 花城看花”成风靡全国城市品牌。图为2018年2月17日，“广州过年 花城看花”系列活动之“花车大巡游”。

▲“广州过年 花城看花”这张花城最独特的文化名片正在助力广州城市形象国际传播高歌向前，不仅展现出千年花城的传统风貌，也推动广州文化综合实力出彩出新，见证广州加速建设文化强市，向全球区域文化中心城市的目标迈进，以更加开放创新的姿态迈向“世界花城”。图为2019年荔湾迎春花市。

第二节
青山半入城

白云山自古为羊城第一秀，位于市区北部，因主峰摩星岭时有白云蓊郁而得名，与市内穿过的珠江并称“云山珠水”。继续往南，海拔降至75米，是为越秀山。广州城以白云山系越秀山为制高点，面向珠江，形成典型的“六脉皆通海，青山半入城”的“云山珠水”城市格局，是一座山水相依的城市。

▲战国时期白云山已有人迹，晋代时已有开发，历代“羊城八景”均有白云山风景。新中国成立前，白云山林木、建筑多被战火焚毁。从1950年起，开始对白云山规划建设。名胜古迹得到逐步恢复，修筑环山公路20多公里、大小风景区10多个，主要有山顶公园、白云晚望、白云晓望、天南第一峰、云岩、滴水岩、九龙泉、双溪别墅、山庄旅舍、明珠楼、松涛别院、白云松涛等景点。图为20世纪50年代白云山摩星岭远眺。

◄1950年春，成立白云山林杨。图为1959年的白云山庄农场，下放到农场的干部，朝出晚归，用辛勤的劳动为白云山着色装扮。

▼图为白云山脚下一望无际的柑橘园。

▲1957年3月，广东省委、广州市委决定把白云山建成生产山、风景山和战备山。1957年，在白云山建成省委和省人委两个干部农场，进行全面开发。图为1960年住在白云山摩星岭的青年们在抗旱的日子里，肩挑重担，灌溉果木。

▼图为1961年白云山脚下的木瓜园。

◀1957年3月，广州市设立白云山风景区，成立白云山建设管理处，致力于植被恢复，进行绿化、修路和筑山塘水库。图为1963年版“羊城八景”之“白云松涛”。

◀图为1959年白云山天南第一峰。

▼越秀山又称粤秀山，为白云山余脉，包括周围6个小山岗及东秀湖、南秀湖、北秀湖，面积92.8万平方米，平均海拔约65米。越秀山是广州建城之所在和历史的见证，越秀山镇海楼一直是最高建筑物，更是广州传统中轴线的起点。镇海楼、中山纪念碑成为广州传统中轴线起点。1911年辛亥革命后，孙中山提出把越秀山建成大公园。1926年12月，越秀公园举行开放典礼。20世纪50年代，朱光市长提出“美化广州”口号。1950年开始，市政府组织群众，对历史上遗留的越秀山名胜古迹实施开发和维修，同时全面整顿绿化。1957年11月7日，越秀公园对外开放，成为全市规模最大的综合性公园。朱光市长为新建门楼牌坊题词“越秀公园”。图为俯瞰越秀山公园及周边。

◀1995年，清理白云山违章违建办成立。1996年，《白云山风景名胜区保护条例》实施，白云山风景名胜区管理局成立。1996年进行林分改造，形成较好林相景观。1998年7月，广州开始城市建设"一年一小变，三年一中变，2010年一大变"，白云山扩大风景区面积、增加绿地面积。1991—2000年，建成广州碑林、雕塑公园、桃花涧等景点。图为1995年开园的云台花园。

▼2019年4月,《白云山、麓湖、越秀山及周边还绿于民三年环境整治行动计划》出台。全面恢复提升白云山、麓湖、越秀山自然生态环境,使老城市焕发新活力,实现还绿于民,还景于民。重点整治白云山、越秀公园周边地区22.54平方公里,周边区域建筑及无关单位迁出,红线内违建改造成绿地向市民开放。图为2018年5月俯瞰白云山周边。

第三节
绿满羊城

新中国成立之初，广州只有中央公园、黄花岗公园、越秀公园及海幢公园4个较完整公园，残破不全且规模很小。1965年，共修复和建设公园18个，城市绿化覆盖率27.3%，居全国大城市第二位。1990年有公园28个，总面积1026公顷。2000年公园数量增加到70个，2006年191个，2010年亚运会前220多个。至2019年，有各类公园846个，广州建成区绿地率38.2%、绿化覆盖率43%、森林覆盖率42.31%，人均公园绿地面积17.3平方米。云山珠水环翡翠，古城商都铺新绿。

▲1956年，在“绿化祖国”的号召下，广州市绿化委员会率先成立，发动群众参加城市园林绿化建设。市政府号召“全市人民除生产工人外，全市大中小学校师生、机关干部（含事业单位）、解放军指战员和城市居民等，每年最少参加一天绿化义务劳动”。图为20世纪50年代金花街道干部群众组织起来整治街道卫生。

▶1958年5月，广州提出"整顿长堤，路树成荫，楼满花果，绿化广州"。1958至1959年，全市开挖具有蓄水防洪功能的荔湾湖、流花湖、麓湖、东山湖四大人工湖，依湖而建四大公园。两年之间，四大湖公园、晓港公园、东郊公园（今天河公园）、华南植物园、广州动物园（迁址重建）等11个公园相继亮相。1963年元旦，公布新八景入选景点：红陵旭日、珠海丹心、东湖春晓、越秀远眺、白云松涛、鹅潭夜月、双桥烟雨、萝岗香雪。图为东湖春晓。

▶1985年，"三年美化广州"口号提出，公园开展绿化造景。1986年1月，第二次"八景"评选揭晓，云山锦绣、珠水晴波、红陵旭日、黄花浩气、流花玉宇、越秀层楼、黄埔云樯、龙洞琪林入选。图为龙洞琪林。

◀1990年，广州提出以"绿化达标为主"增加城市绿量。1993年，提出"建设岭南园林式城市"。图为1992年"绿满花城"大型环境保护宣传活动。

▼20世纪90年代中后期，全市公园开展"拆围透绿"行动，拆除围墙周边临街商铺，把实体墙改为通透围墙，公园绿地与街区环境融为一体，还绿于民。云台花园、雕塑公园等一批文化内涵丰富、地方特色鲜明、高水平的公园精品，世界大观等别具特色的主题公园出现。图为1997年11月，广州市第一个免费公园——人民公园开放。

▲1998年3月1日,《广州市公园管理条例》实施。营建一批文化内涵丰富、地方特色鲜明、高水平的精品公园,如云台花园、雕塑公园、黄埔公园。1991—2000年,新建各类公园42个。图为麓湖公园一角。

▼进入新世纪,广州创建国家园林城市,实施"森林围城"和"山水城市",营造"山城田海"和"林在城中、森林围城"的生态城市格局。2002年,把"生态园林"理念引入城市公园规划建设。形成市中心城区绿化内圈;近郊保护区、森林公园中圈,如万亩果园、帽峰山;远郊自然和生态保护圈,如南沙湿地、流溪河。图为帽峰山森林公园,有海拔200米以上的山峰20多座,主峰隐现于云雾之间,宛若戴上一顶雪白的大帽子。

◀2000 年 6 月，番禺、花都“撤市改区”，行政区划调整使广州从传统“云山珠水”小山小水式自然格局跃升为具有“山城田海”特色的大山大海自然格局，真正成为一个滨海城市。2005 年，广州行政区域再次进行优化，形成“三江六岸”特大城市发展格局和“山水城田海”山水生态城市。图为番禺大夫山森林公园，总面积约 9000 亩，是广州地区生态型森林公园的代表。

▼2003年9月，广州启动“青山绿地、蓝天碧水”工程，倡导绿色生活,共建生态文明。拆墙复绿建绿，出门绿，100米有景，500米有园。2005年，按“城在林中，林在城中”目标形成生态布局。2006年10月，动员全市力量，全面推进绿色广州建设。2008年，获得“国家森林城市”称号，当年森林覆盖率44.4%。图为被称为“广州南肺”的海珠区万亩果园(含瀛洲生态公园)。

▼经过"一年一小变、三年一中变、2010年一大变"环境整治，到2010年，广州实现"天更蓝、水更清、路更畅、房更靓、城更美"的目标，展现出一幅人与自然和谐相处的生态画卷。先后获"国际花园城市""联合国改善人居环境最佳范例(迪拜)奖""国家园林城市""国家森林城市"等荣誉，2010年首次入选"中国最具幸福感城市"，2011年成为"全国文明城市"。图为滨江东健身路径。

▼2010年，广州大力推进绿道建设。至2019年，建成绿道3555公里，覆盖全市7434平方公里，遍布11个区，串联起500多个景观景点，像一条条绿色的丝带，贯穿着繁华都市和绿野乡村，连接自然山水、公园景区与历史景观。形成二沙岛—临江大道绿道、麓湖环湖绿道、生物岛绿道、增江画廊和莲塘春色绿道等精品线路，成为广州人休闲好去处。图为广州绿道。

▲立体绿化走在前列。通过绿道、生态景观林带等生态廊道，构建绿色生态网络体系；广州持续保持349公里全国最长天桥绿化景观领先地位，开展桥梁绿化创新，“人行天桥、立交桥悬挂绿化种植养护技术规范”成功通过全国花卉标准化技术委员会评审，成为行业发展国家标准。图为广卫街道社区为人居环境整治推行低碳生活，对高层楼宇天面进行绿化。

►园林景观亮点突出。在中心城区高标准建设一江两岸绿化景观带，打造疏密有致、层次分明的园林景观。一江两岸景观建设效果显著，二沙岛东端绿地、阅江路轻轨成为展示城市客厅景观面貌新窗口。图为临江大道缓跑路径。

第四节
“广州蓝”

生活在广州，幸福就是这么简单——蓝天白云、阳光和煦、城美人和。“广州蓝”既是城市软实力的重要体现，更是城市吸引力的重要加分项。我们每一个人在畅享“广州蓝”的同时，也要用自己的实际行动保护环境，让广州更加美、“广州蓝”更加蓝。

▲1958—1980年，经济建设高速发展，在居民稠密区、水源地、风景区建起一批污染型工厂企业。随着工业的发展，带来废水、废气、废渣和噪声等环境污染。尤其20世纪70年代以后，广州城区大气污染问题较为突出，降尘量、二氧化硫含量较高。图为20世纪50年代末期的广州造船厂，可见到珠江对岸工业大道工厂内烟囱浓烟滚滚。

▼图为成立于1957年、投产于1963年的广州氮肥厂，是中南地区最早最大的合成氨厂，拥有自己的铁路专线和码头，曾名列全国化工百强企业。

▲创立于1900年的广州商办电力公司(粤垣电灯公司）是广州历史上第一座火力发电厂，位于越秀区沿江西路五仙门，是享有近百年历史的电力公司，为市区大部分地方供电，民间称五仙门电厂，一直持续到20世纪70年代，最后因机器损耗、对市内污染大等原因停产。图为1974年的五仙门发电厂正在运行。

◀1973年9月，广州成立专职环保机构，从此开展有组织的环保工作。1984年，广州建立环境空气质量自动监测系统，是第一批建立环境空气质量自动监测系统的城市。图为广州市环境监测中心站的大气自动监测系统。

◀图为1987年，广州市环境保护部门加强环境监测，改善环境质量。

▲2007年，广州实行工业“退二进三”战略。通过强化工业污染整治、强化产业“退二进三”和能源改造、强化挥发性有机物排放控制、强化饮食服务业污染整治、强化扬尘污染控制、强化环保执法、制定应急减排措施等措施，空气污染治理取得明显阶段性成效，为实现广州亚运会“天更蓝”奠定坚实基础。图为2008年2月27日，环境保护专家查看珠江电厂节能减排、清洁生产情况。

►2010年亚运会前，广州完成持续推进空气污染综合整治8个阶段行动计划中的1~6阶段共12860项空气治理项目，二氧化硫年排放量从2004年18.5万吨降至8.5万吨，提前完成“十一五”减排43%的目标。亚运会及亚残运会期间推进第7阶段、后亚运时期开展第8阶段环境保障巩固和提升工作。图为亚运会期间的蓝天。

▲"十二五"期间，广州空气污染防治驶上快车道。大气污染减少，工业和建筑扬尘、治理机动车尾气和饮食服务业烟气降低。2012年，新修订《环境空气质量标准》发布，广州成为首批实时发布PM2.5浓度水平的城市，入选广州市2012地方志十件大事。图为工地安装监测设备，实时监控PM2.5和PM10浓度。

◀2013年以来，以PM2.5治理为重点，以实现空气质量达标为目标，"减煤、控车、降尘、少油烟"，全方位开展大气污染综合治理。2012年起，实施燃煤电厂"超洁净排放"改造；2014年7月和2015年4月，全面推广使用国五标准车用汽油和车用柴油，全力推进黄标车等高污染汽车提前淘汰；2014年起，全市2000多个工地纳入监管，严控施工扬尘污染。图为工地防尘网和炮雾机。

▲随着《广州市大气污染综合防治工作方案（2014—2016年）》修订，广州借力“腾笼换鸟”，助推传统产业转型升级。2016年3月，环保“退二”名单内223家企业中的195家完成搬迁、停产或关闭。广州水泥厂搬迁，西村地区市民不再忍受粉尘污染之苦。2010年后，广钢白鹤洞厂区焦化厂、电炉厂、炼铁厂陆续停产，2013年厂区全部关停。到2015年，200家工业企业关闭、搬迁退出城区。图为荔湾广州造船厂搬迁前的厂区全景。

▼2018年广州加快公交车电动化步伐，全市累计投入运营11225辆纯电动公交车，实现全市公交车100%纯电动化，建成公交车用充电桩4353个，一年可减少2万吨氮氧化物排放。2017年7月起，黄标车限行区扩大至全市行政区范围；出台政策促进提前淘汰黄标车，报废6.05万辆汽车，淘汰黄标老旧车21.6万辆。图为纯电动公交车和出租车充电桩。

▲2018年，广州在蓝天保卫战中交出亮眼“成绩单”：PM2.5浓度35微克/立方米，连续两年达到国家二级标准；空气质量达标294天，占比80.5%。2019年1—6月，空气质量达标164天，比例为90.6%；PM2.5浓度29微克/立方米，同比下降25.6%。图为2018年5月22日，白云区召开污染防治攻坚战誓师大会，吹响生态攻坚号角：不获全胜，决不收兵。

▼2017年12月，《广州市环境空气质量达标规划》实施。到2020年，环境空气污染6项主要指标全面达标，PM2.5浓度力争控制在30微克/立方米，达标天数达90%以上；到2025年空气质量进一步提升，总体稳定达标，达标天数比例达到92%以上。未来广州空气质量将得到进一步改善，“广州蓝”更可期。图为从白云山远眺广州城区蓝天白云下美丽的天际线。

▲近年来，广州空气质量越来越好，“广州蓝”成为越来越熟悉的美景。那一抹挥之不去的“广州蓝”，已经成为广州新名片。晴空下、碧波中，到处一派绿意盎然，有一种幸福叫“广州蓝”。图为2019年6月15日清晨，即将出征广州国际龙舟邀请赛的赛艇安静地停泊在港湾。

▲图为珠江新城临江大道，大楼的玻璃幕墙几乎和蓝天融为一体。

第五节
水城广州

广州自古依水而生、因水而兴，城在水中，水在城中。珠江造就了经久不衰的繁荣，至今仍是串联旧城中心与新城市中心的纽带；西濠、东濠、玉带濠、清水濠、荔枝湾……河道弯曲，水体清澈，密布交织的水网包裹着广州城，一派水城风光。新中国成立以来，广州对穿城而过的珠江、231条河涌全面整治，开挖众多人工湖，恢复了“水城”广州的南国水乡美景。

▲珠江是广州的母亲河，从市区北面到东面黄埔港这一段前航道全长78公里，河面宽180米，深3米。在广州两千多年发展过程中造就了经久不衰的繁荣，历代“羊城八景”都少不了珠江景致。如1963年“鹅潭夜月”，1986年“珠水晴波”，2002年“珠水夜韵”。图为新中国成立初期的白鹅潭，帆影点点。

▲20世纪50年代，朱光市长提出“绿化长堤，美化广州”，完成珠江北堤岸改造整治和南堤岸构筑，使珠江两岸整齐划一，秀丽美观。珠江河畔长堤一带植树种花，使长堤更加美丽整洁。图为1960年珠江长堤变新堤。

▼珠江穿广州城而过，中心城区水网密布，有913公里水道、231条河涌。新中国成立之初，大部分河涌又黑又臭，环境十分恶劣，广州随即开展大规模环境卫生整治。图为1954年，广州市干部群众在金花街义务劳动，清理渠泥。

▲1957年12月，广州市通过《彻底整治西关臭涌臭沟的决定》。西关涌位于城西人口密集地区，总长3998.4米，集水面积4平方公里，沿涌居民46万人。1957年9月，将下西关涌上支、下支试改建为箱式暗渠，总长1082米，同年12月完成。改建后臭涌变成平坦整洁的街道。图为1958年初，进行中的整治西关涌工程。

◀1963—1965年，完成西濠涌改建，把这条旧城护城壕改建为箱式渠。同时兴建橙基涌、百子涌、荔枝湾涌和驷马涌上游截污工程，环境得到显著改善，这里的许多条河涌都留下了广州人战天斗地的辛劳身影。图为西濠涌西华路以北段整治后的新貌。

▲全民总动员，挖出四大人工湖。新中国成立初期，白云山脚、老西关一带水浸严重。1958年，广州全面改造市区排水系统，组织全市人民义务劳动，掀起轰轰烈烈的“人工造湖”运动。短短一年多时间，东山湖、流花湖、荔湾湖、麓湖四大人工湖同时开挖建成。泮塘水田鱼塘筑成荔湾湖。图为1958年，泮塘开挖荔湾湖，坑坑洼洼的水田、鱼塘、烂地被筑成人工湖。荔枝湾自古以来就是广州风景最美的地方，以广植荔枝而著名，有“一湾春水绿，两岸荔枝红”的诗情画意。

▶流花湖于1958年开挖，1959年6月9日建成蓄水，因地处广州西隅取名越秀西湖。后因该湖东北面不远处有南汉古迹流花桥，1963年易名流花湖。图为20世纪50年代的流花湖。

◀由崩口塘到东山湖。昔日这一带被称为崩口塘，洼地因荒芜多年，滋生蚊虫。1958年4月开始挖湖，1959年5月挖成。每逢开春，东湖湖面碧波荡漾，岸边桃红柳绿，尤其是早晨薄雾缥缈，柳条迎风摇曳，景致醉人。图为20世纪50年代的东山湖公园。1963年版羊城八景之一"东湖春晓"。

▼麓湖于1958年2月28日开挖，于游鱼岗处筑坝蓄洪，建成高9米的挡水大坝，把源于白云山、越秀山的6条山坑水集于一处，形成湖面广阔的游鱼岗水库（时称金液池），正常库容超52万立方米，能滞留百年一遇的大洪水。从此，广州人就过上没有水患的日子，消除了小北一带水浸街的威胁。水库建成后，一直作为白云山风景区的组成部分，1965年改名麓湖，1983年独立辟为麓湖公园。图为1959年金液池上荡轻舟。

▲20世纪70年代末80年代初，随着经济社会迅猛发展，人口急剧增长，城市环境容量压力日益增大，珠江沿岸违章建筑涌现，露天垃圾场随处可见，珠江和市内河涌污染严重，生态环境受到严重破坏。为恢复青山绿水风貌，1985年8月，《广州市濠涌整治五年(1985—1990年)规划》组织实施。1988年12月26日，广州市第一家城市公用大型污水处理厂大坦沙污水处理厂投入运行，在国内首次采用生物除磷脱氮活性污泥法新工艺，保护了西村水厂水源，而且具有排洪防涝功能，标志着污水处理迈入新阶段。1997年，大坦沙污水处理系统二期和猎德污水处理系统一期启动，拉开广州大规模治水序幕。图为1990年大坦沙污水处理厂投产。

▼20世纪90代后期，随着城区人口极速增长和工业污染，多条河涌变为臭涌，泥沙淤积，水黑发臭。珠江水逐渐变黑发臭，90年代后期恶化到劣五类，广州河段江水溶解氧含量几乎接近零，鱼虾无法生存，被舆论定格为“褐黑色的河流”。图为整治前的沙基涌。

▼1999年，广州开始对全市河涌进行以截污为重点的综合整治。2000年，《广州市河涌管理规定》颁布。2001年，以建设宜居生活和创业发展山水型生态城市为目标，全力实施“水环境治理行动计划”。图为1999年人民子弟兵参与河涌整治。

▲1998年10月，广州实施城市环境面貌"一年一小变，三年一中变，2010年一大变"，提出珠江"到2003年初见成效、2005年不黑不臭、2010年江水变清"三个阶段性目标。2003年9月，广州启动"青山绿地、蓝天碧水"工程，激发了职能部门和市民共同行动保护母亲河的热潮。2003年修编完成广州市总体规划，对珠江两岸滨水地区建设发展作出全面规划，建设"江城一体"高品位山水城市。图为1999年7月16日，珠江大桥东海角红楼游泳场，整治珠江两岸环境。

▼2002年，广州市加大城市污水处理力度，猎德、西塱、大坦沙、沥滘等四大污水处理系统工程建设稳步推进。图为猎德污水处理厂。

◀从1999年初开始，将前航道人民桥至南方面粉厂两岸26公里岸线建成绿化景观带，拓宽珠江两岸滨水地区道路。在海印大桥、芳村长堤、洲头咀和中山大学北门等地段建成一批高品位江边城市绿化广场。图为整治后的白鹅潭风光。

◀清拆珠江沿岸违章建筑，实施“穿衣戴帽”工程，对珠江两岸陈旧楼宇重新整饰。亲水岸线、地砖石栏和夜间灯饰景观形成亮丽的滨江风景线，滨江绿化广场和优美的绿化带四季常绿，尽显花城特色。先后建设星海音乐厅、广东美术馆、广播电视中心等大型文化设施，不断提高珠江两岸文化内涵。图为整治后的长堤二沙岛段。

◀从1993年开始，广州将珠江规划为风景游览河段。1994年起，完成11期堤岸建设工程，珠江23公里景观长廊逐渐形成。图为珠江两岸灯饰，人民桥、解放桥、海珠桥、江湾桥、海印桥五座跨江大桥在灯光照耀下，如五道光芒夺目的彩虹飞落人间，点缀着华光闪烁的游船。

▲2008年底，广州举全市之力，以超常规之势，大手笔投资486.15亿元，用18个月时间整治388.52公里长的121条河涌。通过截污、清淤、调水补水、堤岸建设，改善水生态、美化水景观，基本解决河涌水体发黑发臭问题。在治污的同时，挖掘水文化、桥文化、石文化、广府文化、名人文化等人文历史内涵，在各区形成“一涌一景”水景观特色。图为清洁工在广州塔南侧的河涌上工作。

▼2010年9月底，完成污水处理和河涌综合整治项目，2010年城市市容环境“一大变”顺利实现，全长913公里的231条河涌纵横交错，变为一条亲水绿色走廊，东濠涌、荔枝湾涌重现昔日美景，实现了“天更蓝、水更清、路更畅、房更靓、城更美”的目标。广州市中心城区从海珠桥至琶洲岛，建设由沿江路风情休闲街、滨江路风情休闲街和白鹅潭风情酒吧街等组成的珠江滨水风情休闲带，成为珠江岸线上具有滨水风光特色、岭南文化内涵的商贸旅游长廊。图为二沙岛远眺。

▲东濠涌起源于宋代，曾是广州古护城河，也是六脉渠唯一保存下来未完全覆盖的一脉，自广州建城以来一直扮演着提供生活用水和交通要道双重角色。2010年6月，东濠涌1.89公里明涌段通过采取雨污分流、净水补水、景观整饰等恢复河涌原生态，水清岸美，再造“六脉通渠”文化特色，堪称典范的亲水生态休闲文化走廊，中央领导人几度亲临视察。图为2015年6月，东濠涌二期综合整治工程竣工，4公里长东濠涌真正实现南北相通、云山珠水相连。

▼2010年10月28日，以东濠涌历史及治水全过程等为主题的国内首家、广州首个河涌主题博物馆——东濠涌博物馆开馆，复原广州水上人家生活场景，收集居住在河涌边居民的故事和亲身感受。2018年7月，新时代越秀美丽建设讲习所在东濠涌博物馆成立，实现居民和建设者在家门口讲述东濠涌治水以及生态文明建设的故事。图为东濠涌博物馆。

▶2014年，广州率先建立市区镇村四级“河长制”。2017年4月，广州市全面推行河长制实施方案，在四级河长基础上创新设置9大流域河长，全市江河湖泊、水库山塘全面推行河长制。全省率先推出广州河长APP，实现“河长巡河、河长督查、公众监督”多层次功能。网格化治水则是2019年治水亮点。依托全市19660个社会治理网格，建立起以网格为单元的治水体系。图为2018年5月，海珠民间护水队守卫河涌“护水而兴”巡涌实践活动在晓港公园举行。

▼2018年广州成功入选国家城市黑臭水体整治示范性城市，35条黑臭河涌基本消除黑臭，112条黑臭河涌水质持续改善，流溪河等89条一级支流劣Ⅴ类数量由2017年底的46条减少至29条。图为见证生态水城建设的广州水博苑。它是一个以“水”为主题的文化公园，全方面解读“水城”广州，介绍广州的水城建设、水科学、水历史等内容，从多角度彰显岭南水文化独特风韵，全方位展示广州建造生态水城蓝图。

▲广州首条5G智慧河涌亮相。2019年5月，在黄埔区广州开发区知识城凤凰湖，5G无人艇在智慧河涌上监测水质。全球首款采用无轴推进器的5G无人艇按照设定路线，自动去5个检测点采集水样，监测pH值等多个水质指标数据。5G无人艇可以实现自主巡航、自动避障、自动返航、自主作业、远程视频操控。若水质出现异常或有人偷排，便会自动报警。

▼2019年广州市碧道建设方案要求，要在2022年底前建成1033公里以上碧道。以珠江作为碧道主廊道，联动流溪河、增江等大江大河，彰显广州依山、沿江、滨海的城市风貌和山水城田海并存的自然禀赋，营造“水清岸绿、鱼翔浅底、水草丰美、白鹭成群”的生态廊道，诗情画意的休闲绿道，浓郁乡愁的文化驿道和生态活力的滨水经济带，成为展示广州生态文明建设成果的亮丽名片。图为南沙蕉门碧道。

▼进入21世纪，广州中心城区随着城市建设不断向外扩展，开启新一轮人工湖建设。借举办亚运会治水之机，开挖白云湖、海珠湖、花都湖等人工湖。2011年11月28日，白云湖开园，首日迎10万市民。白云湖总面积2.07平方公里，水面1.06平方公里，超越传统四大人工湖面积之和。2015年，白云湖成为国家级水利风景区。图为白云湖俯瞰。

▲海珠湖，休闲生活诗意无限。广州第二大人工湖，2010年3月29日开挖，2011年9月1日建成，占地1100公顷，湖心区1422.6亩。它由内湖和外湖组成，外湖是由六条河涌相连组成的玉环，环抱着圆形内湖，十分优美。因此，海珠湖被形象地喻为“金镶玉”。位于城市新中轴线南端，与广州塔、体育中心呈一条直线，呈现“一湖三塔”的美景，是名副其实的广州“绿心”。图为海珠湖俯瞰。

▼2018年，广州实施《广州市湿地保护规定》。结合治水工程，广州大力建设及恢复湿地。至2018年底，已建成白云湖、从化流溪温泉等19个湿地公园。至“十三五”末期，将再建6个湿地公园。图为南沙湿地公园。南沙湿地公园位于广州最南端，地处珠江出海口西岸南沙区万顷沙十八涌与十九涌之间，总面积10000亩，是广州市最大的湿地公园，候鸟迁徙重要停息地之一。

第七章

广州

创新，
是广州的传统，
从广交会的繁荣到经济领域的突破，
从三大汽车品牌的落地到长隆的成功，
广州一直在创新中前进；
创新也是广州的基因，
从第一代个体户到第一家超市，
从广州制造到广州智造，
“广州”二字本身就是创新代名词。
新时代，
广州创新向更高层次发展，
向更深层次推进。

第一节
市场为师 改革为先

新中国成立伊始，广州开启对外贸易的新大门；40多年前，“春天的故事”最早从毗邻港澳的南粤大地讲起。从率先进行价格闯关、推进流通体制改革，到第一批个体户应运而生；从率先打响城市经济体制改革第一枪，到第一个劳务集市开锣；从全国首家五星级宾馆落成，到首家超级市场开业。广州敢为天下先，为全国改革“杀出一条血路”。

▲1952—1957年，新中国实施第一个“五年计划”。工业化建设需要大量物资，橡胶、化肥、钢材、机械……大多需要从国外进口。为解决物资匮乏问题、加强城乡物资流通，1951年，广州举办规模空前的“华南土特产展览交流会”。港九工商界参观团、澳门观光团出现在会场上，此次展会也成为广交会的前身。图为1951年12月，华南土特产展览交流大会宣传册。

◀20世纪60年代初，国家对经济实行“调整、巩固、充实、提高”方针。1961年1月，广州兴建各种手工业工厂，实行“三包一奖”(包产、包工、包成本，超产奖励)，工农业生产得到恢复和发展。图为20世纪60年代初的广州清平街布鞋厂。

▲1978年12月18日，党的十一届三中全会开幕。广州实行特殊政策和灵活措施，开始改革开放初期的探索。广州的农业农村改革从家庭承包责任制开始。1979年，郊区区委在全省率先大力推行家庭联产承包责任制。广州及时总结经验，在全市农村推广，农村经济得到迅猛发展。到1983年，市属番禺县98%的村由集体转变为家庭承包责任制。图为沙湾公社陈涌村生产队最后一次集体分粮。

▶广州选准流通和价格作为城市经济体制改革突破口，率先进行价格闯关，搞活流通。1978 年 12 月，在国内率先放开部分水产品市场，全国第一个可以自由贸易议价的国营河鲜贸易货栈在芳村开业。图为广州河鲜货栈。

▲1979年，广州开放农贸市场，在全国率先放开放活农副产品价格：3月，率先放开塘鱼价格，上市议价鱼1万吨，价格趋向稳定，拉开广东物价改革序幕。接着又放开水果、鲜蛋、“三禽”价格，以及缝纫机、自行车等大商品价格，率先进行价格改革。图为20世纪80年代日益兴旺的清平市场。

◀1984年11月1日，广州蔬菜价格全部放开；1985年1月1日，放开猪肉购销价格；1988年4月1日，食油购销价格放开，实行议购议销；1992年4月1日，取消粮食凭证定量供应。一系列改革实践拉开流通体制改革序幕。此时期，广州主要农副产品价格改革屡创全国先河，形成农副产品的“广州价格”。图为曾经广为流通的购粮证。

◀广州市购鱼票。

◀广州市日用工业品券。

▼从1979年开始，10万农民进入流通领域，外地企业进入广州设厂开店，国营、集体、个体经济自由竞争。1979年9月，广州市工商行政管理部门向820户920人发放个体工商户营业执照。借锅开小食店起家的容志仁、第一个领牌执业的陈兴昌、开办“何植记鞋厂”的何炳父子、长堤大马路“胜记”老板温万年……改革开放伊始内地第一批个体户应运而生。图为容志仁开设的“容光”小食店，其后来被选为广州市个体劳动者协会第一届会长。

▶1979年，中央赋予广东“特殊政策和灵活措施”，广州加快发展外向型经济，引进外资，发展第三产业。1979年12月，广州与港商合资兴建东湖新村工程签约，1982年建成，创下多个全国第一：第一个商品住宅项目、第一个引进外资开发住宅项目、第一个实施物业管理的住宅小区。1984年，广州率先全面放开建筑市场，实行招投标。图为1982年建成的东湖新村住宅区。

▲开展“三来一补”，是改革开放初期广州企业进行技术改造、积累资金、加快生产发展的重要形式。图为1983年3月20日，广州华南电子计算机公司从法国引进的第一条电子计算机生产装配线投入生产，成为国内第一家以生产电子计算机为主的专业公司。

◀1981年4月12日，我国内地第一家超级自选商场在广州友谊商店开张。店内拥有各种进口商品，国内传统工艺品、日用百货、食品、药品和旅游纪念品等万余种。图为1985年9月，广州友谊商店在百货行业中率先引进外国智力，聘请日本东海大学教授铃木博为经营顾问。

▶ 20 世纪 80 年代，广州在国内率先建成 3 家五星级中外合资酒店并投入使用。1983 年 2 月 7 日，主楼 34 层、高 102.7 米的白天鹅宾馆开业，创下无数个第一：当时内地第一高楼，第一家外商投资的五星级宾馆，第一家自行设计、建设、管理的大型中外合作酒店……因此白天鹅不只是一间酒店，它成为中国改革开放路径的典型代表。图为白天鹅宾馆内的“故乡水”景观。

◀广州是内地最早引入现代酒店管理制度和合作方式的城市，对外开放实际上是从引入外资兴建酒店开始的。1978 年，国务院成立利用侨资外资筹建旅游饭店领导小组，在北京、广州、上海、南京等四大城市建 8 家涉外宾馆，以旅游服务业作为走向世界的突破口。其中 3 家在广州，就是后来的白天鹅宾馆、中国大酒店、花园酒店。下图为 1983 年 12 月，移山建设中国大酒店。上图为建成后的中国大酒店。

◀1984 年 3 月，广州成为进一步对外开放 14 个沿海城市之一，享受省级经济管理权限。同年 10 月，被确定为计划单列市。1984 年 4 月，广州经济技术开发区成立，是全国首批国家级经济技术开发区之一。图为 1984 年 12 月 28 日，广州经济技术开发区举行奠基典礼。

▲广州全面改革首先从企业开始。1985 年 2 月，推行各种形式承包经营责任制，所有权和经营权分离；同时改革企业领导体制，1985 年选择广州重型机器厂等 10 多家企业，实行厂长（经理）负责制试点，1989 年在全市全面推开。1985 年冬，进行股份制试点，成为全国最早实行企业股份制试验城市之一。1987 年初，全市 12 家国营企业实行股份制试点。图为 1987 年 6 月，广州钢铁厂召开实行分厂长负责制暨分厂长任期目标责任制大会。

▶1987年，《广州经济社会发展战略纲要》提出，经济发展要以外经贸为导向，增强全市发展外向型经济积极性和创汇意识。图为1985年，东方宾馆创办广州对外经济事务总汇（“外经贸一条街”），介绍广州投资环境，公布投资和贸易活动，成为全国最早办理外经贸事务的机构。2000年，“外经贸一条街”迁至广仁大厦，成立广州市外商投诉办公室。

▲1986年10月，出台《广州市鼓励外商投资实施办法》，鼓励和吸引外商投资。2004年1月，率先全国对外商在广州投资办企业登记注册实行“六个放宽”“六个取消”。图为1991年，广州市政府在东方宾馆为五个大中型外商投资项目举行合同签字仪式。

◀1993年7月，广州在全国率先提出“个体和私营经济是国民经济的重要组成部分，是社会主义市场的主体之一”。个体户和私营企业数量居全国大城市前列。2017年和2019年，出台“民营经济20条”及修订版。图为1999年12月，广州召开加快个体私营经济发展研讨会。

▲1993年，广州成为国家综合配套改革试点城市，加快建立社会主义市场经济体制。开展现代企业制度试点和股份制改革，在全国国有企业中开创利用资本市场先河。首批完成股份制改造的越秀地产、珠江实业、广州浪奇、白云山制药、东方宾馆、广钢股份等一批国有企业成功登陆资本市场。图为1993年10月18日，东方宾馆“穗东方”股票在深圳证券交易所挂牌上市仪式。

▶1999年11月，广州在全市国企推进战略性调整和各项配套改革，提高国有经济控制力和竞争力，走出一条国有企业改革与发展的成功之路。2000年，广州国有企业实施重组，先后成立广州机电工业资产经营、轻工工贸集团、钢铁企业集团、汽车工业集团等有限公司。图为广州钢铁等四大国企集团成立大会。

▲2000年4月，广州企业改革转制投资多元化洽谈会举行。广州市57家市属国有及国有控股中小型企业入场登记，申请挂牌上市，涉及资产总额27亿元，标志着广州企业产权交易市场正式启动，国企改革从原来依赖政府行为向市场运作转变。2000年7月18日，广州友谊商店股份有限公司A股在深圳证券交易所正式挂牌上市。图为该公司庆祝上市情景。

◀1997年，广州推进“两级政府、三级管理、四级网络”城市管理体制。1999年9月，城市管理综合执法支队成立。2008年9月，城市管理综合执法局挂牌，集中行使创卫办等12个部门207项城市管理执法权。2009年11月，城管委挂牌成立涵盖环卫、市政、爱卫、城管综合执法等城市管理和执法职能，“管理+执法”合二为一。2014年1月，集“政务咨询、民生诉求、政民互动、投诉举报、效能监察”于一体的12345政府服务热线正式运行。

▲完善市、区（县级市）、街（镇）三级政务服务网络，推进“一窗式办理、一站式服务”。图为2008年2月28日，广州市政务服务中心正式投入使用，是国内首个集行政审批和投资服务于一体的政务服务中心。2019年9月，广州市进驻省政务服务网的50个市级部门及水电气地铁等公用事业单位公示的1337项依法依规申请权力事项和666项公共服务事项中94.55%可网上办理。

▼2009年9月27日，广州银行挂牌，网点布局立足广州，面向全国。10月，获批成立首家异地分行——深圳分行，实现由区域性银行向全国性银行转变。图为广州银行携手百度云打造的首张定制化智能信用卡——环球Visa白金信用卡，专属境外出行客群，免货币转换费，免境外透支取现手续费。

▼2013年，广州全面建设区域金融中心，加快金融创新发展。2012年6月28日，广州市民间金融街开业，广州民间金融研究院和广州民间金融商会同时挂牌。2014年4月，广州金融资产交易中心在广州科学城开业。广州国际金融城地跨天河区、黄埔区，作为广州建设国家区域金融中心重要举措，与黄埔临港中央商务区共同构建“第二CBD”，是广州创建国际航运枢纽重要战略，未来金融城以东沿线将打造成国际航运综合服务区。图为广州民间金融街。

◀自1984年广州获批沿海开放城市和在黄埔设立广州开发区，经过30多年的发展，广州初步建立起“大湾区—功能区—自贸区”多层次开放合作平台体系。广州开发区、高新区、保税区、空港经济区、自由贸易试验区，成长为标志性对外开放发展平台；中新广州知识城、科学城、生物岛、国际金融城、琶洲互联网创新集聚区等一批新型国际合作平台迅速崛起。图为广东自贸试验区南沙新区片区。

◀广州以市场化国际化法治化营商环境建设为突破口，深化“放管服”改革。推动市场准入从以正面清单为主向以负面清单为主转型。2004年，在全国率先开通电子口岸，进出口企业享受“一次输入、多次使用，一个窗口、全面查询”便利，提高了通关效率。2011年以来，分9次下放市级事权521项等一系列政策。图为南沙“人工智能+机器人”（AIR）营业执照智能发照机，未来可以跨境通全程网上办。

►2013年9月1日，广州经济技术开发区等6个区域启动商事制度改革，广州成为第一个实行商事登记制度改革的国家中心城市。2015年9月，实施营业执照、组织机构代码证、税务登记证“三证合一、一照一码”，率先上线商事登记管理平台，首创二维码营业执照。

►2009年1月8日，国务院通过《珠江三角洲地区改革发展规划纲要（2008—2020年）》。广佛同城携领珠三角打造布局合理、功能完善、联系紧密的城市群。2009年金秋，《面向2020年的广州市总体发展战略》首次明确广州国家中心城市地位。图为2009年8月，广州揭晓新的城市形象表述词：“千年羊城，南国明珠”。

◀新时代，再出发。2019年2月，《粤港澳大湾区发展规划纲要》出台。广州“改革不停顿、开放不止步”，抢抓粤港澳大湾区发展机遇，奋力向着实现“老城市新活力”宏伟目标阔步前行，在更高起点、更高层次、更高定位把国际大都市建设推向纵深。图为位于琶洲中洲中心的粤港澳青创湾（粤港澳大湾区青年创业服务中心）。

2 目标与愿景

历史传承　世界眼光　国家职责

目标愿景　美丽宜居花城　活力全球城市

城市性质　广东省省会，国家历史文化名城，国家中心城市和综合性门户城市，粤港澳大湾区区域发展核心引擎，国际商贸中心、综合交通枢纽、科技教育文化中心，着力建设国际大都市

3 分阶段发展目标

2025年　国家中心城市和综合性门户城市建设全面上新水平，实现老城市焕发新活力，建成科技创新、先进制造、现代服务、文化交往强市，国际商贸中心、综合交通枢纽、科技教育文化中心功能进一步增强，粤港澳大湾区区域发展核心引擎作用进一步凸显。

2035年　建成国际大都市，成为具有全球影响力的国际商贸中心、综合交通枢纽、科技教育文化中心，城市经济实力、科技实力、生态环境、文化交往达到国际一流城市水平。

2050年　全面建成中国特色社会主义现代化国际大都市，成为彰显中国特色社会主义制度优越性，繁荣富裕、文明和谐、绿色低碳的美丽宜居花城、活力全球城市。

◀2019年6月，《广州市国土空间总体规划（2018—2035年）》草案公示。广州作为国家中心城市、国际综合交通枢纽、商贸中心、交往中心、科技产业创新中心，要增强粤港澳大湾区区域发展核心引擎功能，推动实现老城市新活力，推动四个出新出彩；要建设美丽宜居花城，活力全球城市。2035年建成国际大都市，2050年全面建成中国特色社会主义现代化引领型国际大都市。图为该规划草案中目标与愿景以及分阶段发展目标。

第二节
老城市新活力

从古至今，广州创新的热情和能力从未衰减，令她保持着持久的生命力和吸引力。有着2200多年历史的广州老城，是城市转型升级的深厚底蕴，也是创新发展的宝贵积淀。40年领潮争先的广州故事，正是老城市新活力这篇大文章的生动注脚。

▲1978年4月春交会期间，广州市汽车公司用中英文印制近万张“告来宾信”送到国内外乘客手中：在没有汽车服务点的地方需要用车时，如遇空车可招手示意叫车。这是国内出租汽车行业服务方式的一次改革。“扬手停车”服务入选1978年“广州经济建设十件大事”。随后“扬手即停”服务迅速在全国铺开。图为扬手即停的白云公司出租车，当时被叫作“红凳仔”。

◀1979年，广州籍港商刘耀柱率先引进300辆小汽车，与广州市交通局等合办白云小汽车出租公司，这是中国改革开放后第一家中外合作经营出租车企业。出租车按照香港名称定为“的士”。从此，的士以广州为源头辐射内地各城市，成为大众约定俗成的称谓。白云公司在全国率先提出“扬手即停、计程收费、电话约车、24小时服务”新型服务方式，使得出租车真正走入寻常市民生活。图为20世纪80年代五羊的士站。

►1983年12月，新中国成立以来广州第一本年鉴《广州经济年鉴》出版。1985年后更名《广州年鉴》，成为记录广州经济社会发展的重要数据库。图为1983年《广州经济年鉴》封面。

▼1982年，广州举办改革开放后内地首次集体婚礼，青年男女踊跃参与。之后新人们分三批前往北京、南京、西安等地旅游，这也成为许多人第一次国内游。同年，中国第一家婚姻介绍所——广州市青年婚姻介绍所应运而生。图为1995年10月，广州首届国际集体婚礼在中山纪念堂举行。

▼1985年后，广州以“三放”（放宽政策、放权简政、放开小企业）带动“六活”（搞活企业、金融、流通、建筑、科研、联合）。1983年3月，荔湾区妇联开创性地办起面向社会提供各种家务劳动的社会性组织——荔湾区家务劳动服务公司，是全国最早设立的家务劳动服务公司。受此启发，北京、上海等全国各大城市出现一批与家务劳动服务相关的组织机构。家政业作为一个新兴行业开始大行其道。图为1987年，全国第一家劳务市场在省立中山图书馆开张。

◀1992年，广州加快第三产业发展。1997年12月，番禺香江野生动物世界试业。在此基础上发展起来的长隆景区已成为一站式观光、游乐、演艺、美食、住宿、购物主题旅游度假胜地，多种旅游和文化业态相融合，在动植物引进、IP动漫制作、巡游表演、餐饮美食、园区规划等方面与国际接轨。图为长隆野生动物世界一景。

▼20世纪90年代，广州实施科教兴市战略。1995年9月，组建国家级区域性中国南方人才市场，建立人力资源服务市场模式。2000年，通过国际质量认证权威机构ISO9002质量体系认证最终审核，首开全国人才服务行业创立质量品牌先河。2017年末，中国南方人才市场官网日访问量达10万人次、平均每日页面浏览突破40万次，超3万家招聘单位选择南方人才网作为第一招聘渠道。图为1995年9月中国南方人才市场开幕式。

▶1999年12月，20多个国家和地区的800多名中国留学人员，带着600项科技项目参加在广州举行的首届中国（广州）留学人员科技交流会。图为交流会现场。

▼1997年6月，网易在广州成立，是中国最早的互联网企业之一。3年后，网易成为中国首家实现盈利的互联网公司。广州如今拥有中国内地最大的互联网出口，出口宽带超2000G，基本形成通达全球的网络架构。图为网易与屈臣氏跨界合作的网易云音乐。

◀2001年3月1—2日，广州举办第一届中国蓝牙技术国际交流会，是国内最早推动蓝牙技术产业化的城市。如今蓝牙技术早已融入日常生活，图为家庭民居装上蓝牙门禁系统。

▼2005年，腾讯广州研发中心组建。2011年，由腾讯广州研发中心研发的微信系统，已成为世界上用户量最大的即时社交通信工具，成为月活跃10亿用户的社交巨头，并广泛应用于工作和生活的各个方面。如今，微信总部所在的海珠区T.I.T创意园，依然全面辐射中国的互联网产业。图为人工智能的海心沙AI花市。

◢2008年4月，阿里巴巴电子商务华南地区运营总部落户广州，以广州为中心，建立珠三角区域性服务总部。如今，广州已成为阿里巴巴集团重要站点，阿里巴巴移动互联网总部、工业互联网总部、阿里健康南方总部都在广州。图为2019年4月3日，2019中国广州国际投资年会在广州召开。阿里巴巴集团副总裁郭继军畅谈广州"是下一轮互联网创新机遇之地"。

◀2009年，决心创业的广州青年黄灼发现，中国强大的硬件产业链如果跟互联网技术紧密结合，会产生强大的化学反应，形成一种新的“物种”——智能硬件，从而打造万物互联世界。而处于珠三角、坐拥良好硬件制造产业环境的广州提供了物联网创业绝好的机会。黄灼和团队创办了“机智云”，如今机智云已成为全球最大的物联网平台之一，服务覆盖200多个国家和地区。图为2016年9月30日，进驻广州市白云区众创5号空间的机智云科技公司。

▲位于国家超级计算广州中心的“天河二号”超级计算机运算速度蝉联世界第一。2013年11月，由国防科技大学研制的“天河二号”超级计算机落户国家超级计算广州中心，面向国内外用户开放使用。峰值运算速度50000万亿次，广泛应用于生物医药、新材料、天气预报、智慧城市建设、数字媒体与动漫设计等领域。至2017年底，用户总数突破2500家，是全世界用户数量最多、利用率最高的超级计算机系统之一。图为“天河二号”超级计算机。

▲广州国际城市创新奖，简称"广州奖"，由广州市与世界城市和地方政府组织、世界大都市协会共同发起设立。自2012年以来，每届均有超过50个国家和地区的150多个城市参评，累计参评项目超过700个，涉及基础设施和公共服务、城市规划和良好治理等主题领域。广州成为引领城市创新的世界城市。图为2018广州国际城市创新大会现场。

▼《琶洲地区发展规划纲要（2018—2035年）》提出，要将琶洲规划打造成互联网创新产业、会展产业、总部经济等现代服务业融合发展，外向型和创新型经济集聚发展的高质量经济增长极。目前琶洲互联网创新集聚区"互联网+"产业集群正在加速形成，腾讯、阿里、复星、国美、小米、YY、唯品会等互联网领军企业总部云集。图为正在建设中的琶洲互联网创新集聚区。

◀2019年7月2日，由世界500强广州民营企业雪松控股主办的“2019广州之夜”亮相世界经济论坛新领军者年会(夏季达沃斯论坛)。活动紧扣“老城市新活力”主题，通过高科技和多种艺术创作手法，向世界展示传统与创新交融、经典与时尚汇聚的活力广州。图为传统粤剧登上“广州之夜”，南狮加粤剧，闪亮达沃斯。

▼福布斯中文网5次将广州评为“中国大陆最佳商业城市”第一名，普华永道与中国发展研究基金会连续2年将广州评为中国“机遇之城”第一名。广州长期作为国际贸易中心，与全球超过200个国家和地区建立经贸往来，世界财富500强企业中有超半数在广州投资或设立办事机构。2017年12月，《财富》全球论坛在广州隆重开幕，参会世界500强企业及首席执行官数量为历年之最。图为2017《财富》全球论坛召开，广州街头的欢迎花坛。

▼广州不仅组团走出去参加国际会议，还作为主场承办国际性高端会议。仅2018年就有61场国际会议在广州举行，国际交往中心成为广州新名片。图为2018年广州举行被誉为全球民航界“奥运会”和“世博会”的第二十四届世界航线发展大会新闻发布会。

▲广州会展业发展迅速，除一年两届的广交会外，一批在国内外有一定影响力和知名度的各类交流会、展示会、博览会、专业展竞相在广州举办。会展数量、展场面积和规模均位居全国前列。图为2019年9月28日，广州国际花卉艺术展暨中国插花花艺展、第26届广州园林博览会在海心沙举行。

◀广州国际旅游展览会创办于1993年，是中国创办最早、举办时间最长的大型国际旅游展览会。成为海内外旅游同业最为关注，涵盖出入境旅游、会展旅游的国际专业性专业展览会。2008年起成为国内首个由政府部门指导、专业展览公司操作并完全市场化运作的大型旅游展览会。图为2019广州国际旅游展览会。

▲中国（广州）国际纪录片节创始于2003年，是中国唯一具备纪录片投融资、交易功能的国家级专业平台，是集评奖、预售、培训、论坛、市场内容为一体的综合文化盛会。每年逾百家中外最具影响力的纪录片播出媒体、制作和发行机构，逾千名中外纪录片国际买家、制作人、导演等参加，成为全球纪录片产业链条中的重要环节和推动国际文化交流的优质平台。图为2018中国（广州）国际纪录片节。

▼2011年，广州国际灯光节开办，是每年一度的大型公共艺术文化盛事，与里昂灯光节和悉尼灯光节并称为“世界三大灯光节”，于2015年入选联合国教科文组织“国际光年”大型文化活动。广州在成功主办第十六届亚运会后，主要地段永久固定景观照明设施比较齐备。作为近年新涌现的城市标志性主题活动，灯光节旨在推动广州文化旅游业以及LED等低碳节能照明产业的发展。图为广州国际灯光节，吸引大量中外游客前来参观。

◢2016年，广州在全国地方国企首创“政策+联盟+基金”创新发展模式，推动企业自主创新。2018年底，5亿元规模以上工业企业实现研发机构全覆盖，高新技术企业178家，博士后工作站19个。紧随国家战略加速“走出去”发展，在海外建立生产基地、销售公司等，逐渐加大与海外资源的合力发展。图为2016年，广货老字号王老吉登陆纽约时代广场，引发全球凉茶风潮，成为中国老字号品牌国际化之路最具代表性的文化符号之一。

◀现代服务业是近年广州发展重点领域，“现代服务业强市”是未来产业发展新目标。随着人工智能技术发展，新兴消费行业快速发展。一大批无人便利店进驻市场，店内没有服务员，消费者刷脸就开门，自己拿商品到相应区域自助扫码结账，给市民带来极大的新鲜感。图为出现在广州的无人便利店可以“刷脸购”。

▶在广州地铁，市民过去只能刷卡、投币过闸，如今可以使用手机扫码过闸、刷脸过闸。羊城通充值从过去人工窗口充值到后来的“飞充”，再到现在自助充值，传统服务业向数字化、信息化转变，出行体验大大提升。图为乘客在地铁广州塔站刷脸过闸。

第三节
从“工业制造”到“工业智造”

曾几何时，“广货”遍天下；看当今，“广货”仍所向披靡。“广货”是中国名优产品代名词之一，素有商业头脑、商誉意识的广州人，不仅在产品方面创造诸多第一，还让货品风靡全国甚至全世界。从“珠江水、广东粮、岭南药”的“老广货”，到珠江钢琴、广汽传祺、粤芯等“新广货”，“广州制造”金字招牌一直引人瞩目。

▲1949年刚解放时，广州是典型的商业城市，工业基础薄弱。新中国成立后，这座千年商都开始向“工业生产城市”目标迈进。“一五”期间，新建和扩建广东罐头厂、广州造纸厂、广州油脂化工厂等一批企业，初步形成门类齐全的工业体系。1954年8月1日，广州造船厂成立，逐步发展成为新中国三大造船基地之一。图为20世纪50年代末的广州造船厂。

◀1954年，广州通用机器厂（广州重型机器厂前身）试制成功全国第一台离心机，成功制造出第一颗上天卫星零配件，并于20世纪80年代制造出世界上第一件钛制潜水服。图为1972年广州重型机器厂自制的大型龙门镗铣床。

◀1954年8月1日，“华南”“大成”“丽华”3家缝纫机厂和“祥发”“广裕隆”等3家铸造厂公私合营为华南缝纫机制造厂，统一商标为华南牌。当年华南缝纫机制造厂生产家用缝纫机2.65万架，比1953年增长133%。图为华南牌缝纫机制造车间。

▶1956年，我国最大的新闻纸制造厂——广州造纸厂扩建工程加速进行，产品“金页牌”占国内新闻纸市场10%以上份额。广州造纸厂于1936年5月建厂，1938年8月成功投产，是中国第一家生产新闻纸企业。图为1965年造纸厂车间。

▲曾作为民国时期广东第一工业园区的西村工厂林立。1932年，广东西村士敏土厂建成投产，生产的“五羊牌”产品可与欧洲各国同类产品相媲美。1955年，广东西村士敏土厂改名为广州水泥厂。图为1961年的广州水泥厂。

▶1958年，广州苎麻厂投产，年产麻布1000万米。图为苎麻厂织布车间。

◀广州钢铁厂建成投产，结束了广州“手无寸铁”的历史。1957年10月，广州钢铁厂动工兴建。1958年7月1日，第一座炼钢炉——一号炉建成投产。1958年底，成为年产30万吨综合生产能力的中型钢铁联合企业。2008年前，广州钢铁厂荣列中国企业500强第八十位。图为20世纪80年代广钢鸟瞰图。

◀20世纪50年代初，为适应大规模工厂建设需要，在海珠区南石头、凤凰岗一带新辟工业主干大道，1952年被命名为工业大道。作为老工业区，工业大道在二十世纪八九十年代汇聚30多家大中型造船、造纸、钢铁和机械制造等企业，撑起广州工业半边天。当年国内知名、广受欢迎的万宝牌电冰箱、凤凰牌洗衣机、五羊自行车、双鱼牌乒乓球等名牌轻工产品就出自这里。随着城市产业结构和空间布局调整，这些企业大多已外迁。图为1961年的工业大道。

▶1958年后，为适应更大规模的工业发展，继续开辟鹤洞、赤岗、员村工业区。图为20世纪60年代的白鹤洞工业区。

▼图为20世纪70年代的员村工业区。

◀20世纪60年代，为建设大型现代化工厂，重点规划开发黄埔一带为新型工业区。至1980年，已建有广州汽车制造厂、文冲造船厂等20多家大中型工厂。图为20世纪70年代的文冲造船厂。

▲20世纪50年代后期，我国“二五”期间自行设计、装备的大型化肥厂广州氮肥厂开建。1965年相继完成并顺利投产，是具有相当规模的化肥和化工原料重点企业。图为20世纪60年代广州氮肥厂生产的大批硫酸装车待运。

▶1964年，钻石牌电风扇诞生，替代了妈妈的手摇扇。一路由南向北，开启电风扇时代“丝绸之路”，从此改变国民生活。二十世纪七八十年代，钻石牌电风扇远销亚洲、欧洲等海外50多个国家和地区，在东南亚享有盛名，成为广货代表。图为钻石牌风扇。

▲1965年，广州电饭煲厂首创全国热双金属片电磁线圈控温式第一代电饭煲，自此三角牌电饭煲成为全国人民的集体记忆。图为三角牌电饭锅生产线。

◀20世纪70年代，广州重点建设广州汽车制造厂、广州拖拉机厂、广州石油化工厂、黄埔发电厂等。1973年6月，华南地区现代化特大型石油化工联合企业广州石油化工总厂在黄埔创立，揭开广州石化工业新的一页。1978年12月建成并试产第一批尿素。该厂先后隶属广东省、广州市和燃料化学工业部，1983年起归中石化。1984年4月起逐年扩建并增设装置，技术水平和生产能力不断提高，成为全国化学工业重点企业之一。图为1982年广州石油化工总厂鸟瞰图。

▲自20世纪80年代起，广州以发展轻纺工业为重点，抓好自行车、缝纫机、手表、电风扇、针织品、服装等10个拳头产品。其间，一批重大工程投产，如广州冰箱厂、珠江啤酒厂、广州电梯厂、标致汽车公司、抽水蓄能电站等。“珠江水”“广东粮”“岭南衣”“粤家电”，物美价廉的广货销往全国各地。广州三大件(缝纫机、电视机、自行车)，全国叫得响。图为三大件之流水线上的“广州牌”电视机厂车间。

▶1983年10月，广州冰箱工业公司从国外引进第一条电冰箱生产线和电冰箱压缩机生产线，年生产能100万台。后组成新的广州电冰箱工业公司，1985年改名为万宝电器工业公司，成为当时中国规模最大、冰箱产量最多、经济效益居首的家电企业。1988年，中国第一家大型家电横向经济联合体万宝电器集团公司成立，实行董事会领导下的总经理负责制。2017年，万宝并购意大利高端压缩机制造ACC公司。图为万宝电器生产的第一批冰箱。

▲1983年12月，国内第一家从国外引进全套现代化设备和工艺的珠江啤酒厂动工兴建。图为1985年投产的珠啤生产线。

◀如今，珠江啤酒立足琶洲数字经济创新试验区和琶洲互联网创新集聚区，打造集总部经济、商务办公、休闲娱乐、旅游观光、展览于一体的珠江·琶醍啤酒文化创意艺术园区。图为2019年5月23日，广州亚洲美食节暨“醉享花城”广州亚洲啤酒文化节在珠江·琶醍啤酒文化创意艺术区落下帷幕。

▲20世纪70年代初，珠江钢琴厂生产出第一台钢琴。1988年，珠江钢琴厂与境外企业联合组建集团公司。2002年，以7.5万台产量成为全球最大钢琴制造商，产销量连续19年居全球首位，全球每卖出4台钢琴就有一台为珠江钢琴。2016年，收购德国高端钢琴制造企业舒密尔，建立国外销售网点230个，全球市场占有率28.3%。图为1997年，广州举办“百年梦圆”庆香港回归祖国七一文艺晚会，97台珠江钢琴同台演出。

▼1973年，白云山农场为解决知青工作问题，靠两口旧铜锅、两台老式压片机成立制药车间。1993年，白云山A股在深圳证券交易所挂牌。如今广药集团发展成超千亿级企业航母，位居2018中国企业500强第165位，连续8年荣登“中国制药工业百强榜”第一名。2007年3月，广药在全国率先建立过期药品回收机制。图为广药集团家庭过期药品（免费更换）回收机制迈入15周年再升级活动。

▶1985年1月21日，中国汽车工业南方贸易公司在广州成立，为全国首家集汽车生产、销售、进出口和技术服务四位一体的企业。1985年3月，广州最大的中外合资项目广州标致汽车公司在花园酒店举行签字仪式。广州标致汽车公司由广州汽车制造厂、法国标致汽车公司、中国国际信托投资公司、法国国家巴黎银行合资组成。这也是第二个在中国成立的合资汽车制造企业，一时间广州标致风光无限，成为市场宠儿。图为1985年广州标致汽车总装线。

▼1998年10月，广州立足于一个基地（工业）和八个中心（交通、商贸、教育等）建设，推动经济体制和经济增长方式转变，实施外向带动、可持续发展和科教兴市三大战略。工业通过“抓大”扶持，组建石化、汽车、钢铁、造船、电梯、造纸、钢琴、啤酒、医药等一批大企业集团，广钢、广船、珠啤等国企进入全国512家重点扶持大企业行列。图为20世纪90年代芳村东塱广州造船厂区一隅。

◀广州加大对重工业投资和调整，到20世纪末，经过10年产业结构调整，确立起汽车制造业、电子通信设备制造业和石油化工制造业三大支柱性产业。广州加快产业结构调整，以汽车、造船、石化等重工业为先导，将广州打造成为全国三大汽车产业基地和新能源智能网联汽车城。图为1998年5月，广州汽车集团公司与日本本田在广州签署合资合同，成立广州本田汽车有限公司。

◀2003年5月29日，中外合资企业本田汽车（中国）有限公司挂牌奠基仪式在广州出口加工区举行。这是中国首家建在出口加工区的中外合资汽车生产企业。由广州汽车集团公司、本田技研工业株式会社、东风汽车公司共同投资，起步规模年产5万辆，生产的经济型轿车全部用于出口。图为2009年6月24日，广州本田150辆Jazz轿车在广州新沙港装船出口德国，标志着中国制造的汽车正式进入欧美发达国家市场。

►2003年6月，由日本Nissan汽车公司与东风汽车公司合资组建的东风日产汽车公司成立，是中国汽车界规模最大的国际合作项目。截至2018年8月，东风日产整车产销量超过1000万辆，成为中国汽车企业“千万级俱乐部”成员。如今正重拳布局智能互联生态系统，导入全球领先的“日产智行”。图为东风日产花都汽车产业基地，是花都新八景之一。

▲2004年9月6日，由广汽和日本丰田共同组建的广州丰田汽车公司举行成立仪式。这是中国新汽车产业政策颁布后成立的首家中外合资轿车企业。2006年生产日本丰田佳美轿车。2011年8月4日，广汽丰田第100万辆汽车（蓝色凯美瑞混合动力轿车）下线，成为继广汽本田、东风日产后第三家突破百万辆乘用车企业。图为广汽丰田首款纯电动SUV登陆2018广州车展，继引领混合动力风潮后强势开拓新能源汽车市场。

▲2005年，东风日产第20万辆车下线、广州本田第50万辆轿车下线、广汽丰田发动机整机下线，日本丰田、本田、日产三大汽车企业都在广州建立生产基地。自此，广州形成南沙开发区、广州经济技术开发区、花都、增城等多个大型汽车生产及零部件配套基地，一个以日系汽车产品为特色的广州汽车产业集群形成。图为2006年6月27日，广州本田第50万辆雅阁轿车下线仪式。

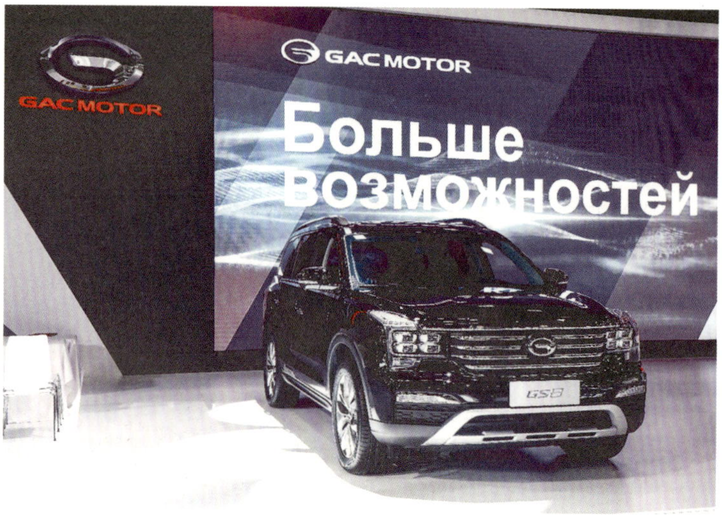

◀2010年9月3日，广汽首款自主品牌“传祺”下线，标志着广州汽车产业进入创新发展自主品牌新阶段。2017年12月26日，广汽乘用车(杭州)工厂竣工，首款产品GA4下线。广汽传祺已形成覆盖珠三角、长三角、华中和“一带一路”经济带产能布局，并在中东、东南亚、东欧、非洲、美洲等布局，构建起全球销售网络，广汽集团海外研发中心落地硅谷、底特律、洛杉矶等地。图为广汽传祺亮相2019年圣彼得堡车展，计划进入俄罗斯市场。

▲2017年，广州汽车产量达310.8万辆，占全国汽车产量的10.71%，在国内特大汽车生产城市中广州整车产量规模排名第一。广汽集团从1997年负债近30亿元，到2019年产量超219万辆、营业收入突破3636亿元，连续7年入围世界500强（2019年位居第189位），广州成为全国三大汽车生产基地之一。图为广汽传祺番禺生产车间，一台台传祺GS4和GS8沿着总装线鱼贯而出，机器人“长臂善舞”。

▶2018年4月，《广州市汽车产业2025战略规划》提出，到2025年广州汽车产能达500万辆，新能源汽车产能100万辆，实现汽车制造业年产值1万亿元。广州将以智能网联新能源汽车为突破口，打造成为全球知名汽车之城。图为思科（广州）物联网车队管理系统。

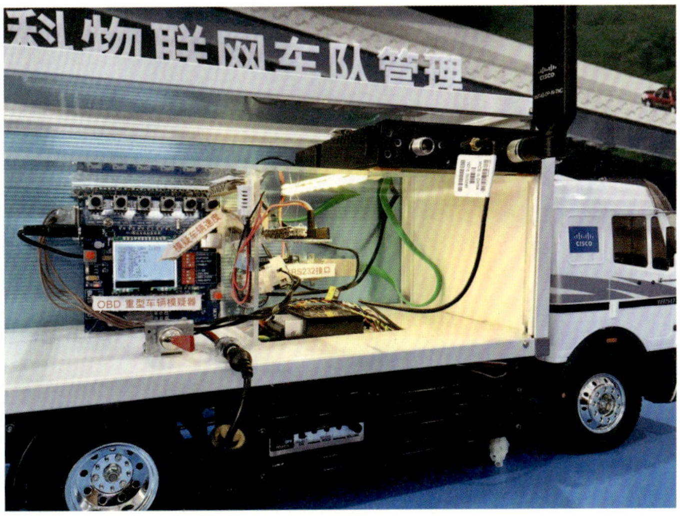

◀广州南沙吸引多家新能源汽车企业落户，包括广汽蔚来新能源汽车总部、广汽丰田新生产线，以及小马智行、小鹏汽车等企业，共同打造10平方公里的新能源汽车产业园。南沙正全力打造新能源智能网联汽车城，剑指大湾区首个新能源汽车产业集群。图为2018年2月1日，落户南沙的无人驾驶汽车研发企业——小马智行科研人员在南沙区主干路上进行最后的演练。

▲2016年，《广州制造2025战略规划》出台，明确重点发展智能装备及机器人、节能与新能源汽车等十大领域。2017年8月，广州成为“中国制造2025”试点示范城市。随后出台并实施先进制造业“十三五”规划等，创建全省首个国家制造业创新中心，入围全国数字经济“五大引领型城市”。图为2017年5月25日，“中国制造2025广州战略研究”院士咨询座谈会在广州举行。

▶2017年3月，广州宣布推进IAB计划，加快IAB产业发展五年行动计划（2018—2022年）。大力发展新一代信息技术（I）、人工智能（A）、生物医药（B）等战略性新兴产业，助力广州打造形成高端产业技术创新资源聚集高地。到2022年，成为影响全球、引领全国的IAB产业集聚区。图为2017年4月24日，思科（广州）智慧城产业合作项目签约活动举行。活动中思科公司与12家合作伙伴签约。

▲2017年3月1日，富士康超视堺第10.5代显示器全生态产业园区在增城经济技术开发区动工，其采用当前最先进的8K影像技术，形成一条从内容创作到信息处理、从云端储存到网络传送的8K全产业链。这是广州改革开放以来最大单笔外资项目，可望成为千亿级新型显示产业集群。图为2019年2月14日，项目首台核心设备曝光机装在温控柜中运入产业园区。

◀2018年底,《广州市加快发展集成电路产业的若干措施》提出,以黄埔区、广州开发区为核心,实施七大工程,涵盖芯片制造提升、芯片设计跃升、封装测试强链等,到2022年建成全国集成电路产业集聚区、创新示范区。图为2019年9月20日,粤芯12英寸晶圆项目投产。这是广州第一条、广东省唯一一条量产12英寸芯片生产线,标志着广州先进制造业“缺芯”成为历史。

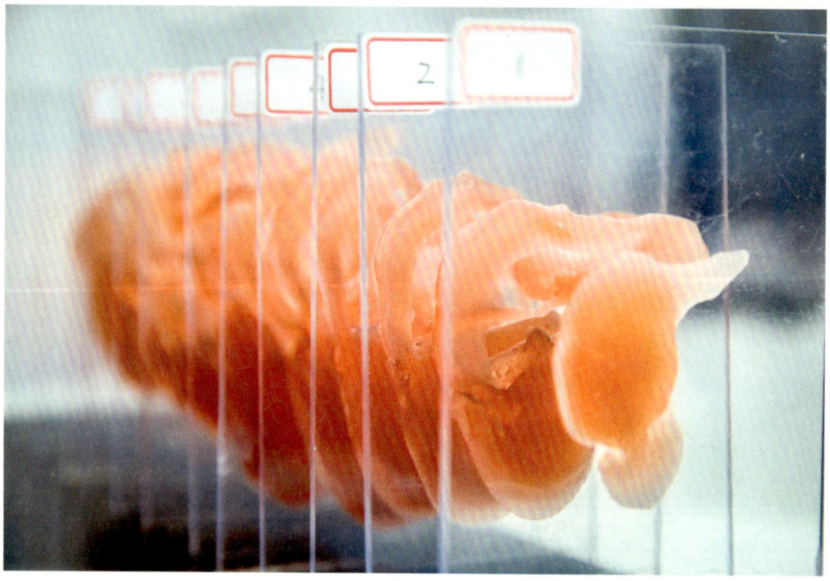

▲聚焦IAB(新一代信息技术、人工智能、生物医药)、NEM(新能源、新材料)重点产业行动计划,成功引进超视堺、思科、LG、科大讯飞等一批高技术制造业项目。构建起以黄埔区广州开发区为中心,以广州科学城为研发中心,以增城、花都、南沙为产业基地产业布局,打造万亿级先进装备制造产业集群。图为IAB生物科技广州迈普再生医学公司利用3D打印技术做出来的心脏切片模型。

▶用火爆的VR(虚拟现实)眼镜体验森林之旅、乘无人驾驶飞机上班,全球首款商用VR眼镜是"广州制造"。由广州玖的数码公司研发出全球首款商用VR眼镜,成为英特尔等多个顶尖VR企业合作伙伴。玖的已在全球布局超3500家VR线下店,开创"VR×PC"跨端电竞新模式。图为2019年6月,在第十五届中国(深圳)国际文化产业博览会媒体融合·新闻出版馆广州黄埔区图书馆展区,参观者戴着VR眼镜"参观"党史展厅。

▲首个电主轴5G智慧工厂落地广州,5G赋能广州智能装备制造业。2019年4月,全球首条5G全自动化主轴生产线在黄埔区昊志机电5G智慧工厂落地。近年来,作为广州八大新兴产业之一的智能装备及机器人产业领域,形成涵盖上游数控机床与电主轴,中游工业机器人本体,下游细分领域系统集成与检验检测的智能制造产业体系。图为每个生产单元配备一个封闭生产间,机器可以自动完成4~6道工序。

◀2019中国企业500强榜单上，广汽、广药、广智等9家市属国企荣登榜单。国资系统有王老吉、浪奇等中国驰名商标31个，广州酒家等“中华老字号”32个，白云山、珠江（钢琴）、广州日报等“中国500最具价值品牌”3个，省著名商标、省名牌产品和市著名商标分别达67个、83个和85个。海格通信是国内第一家军工业务整体IPO上市企业，军用通信导航设备国内综合排名第一。图为海格通信芯片。

▼2019年上半年，世界500强企业累计301家进入广州，设立1017个项目。超视堺8K液晶面板项目、乐金显示8.5代OLED、思科（广州）智慧城、广汽丰田扩产项目、GE生物科技园……一系列外资大项目落户增资。图为IAB人工智能科技—黄埔区瑞松智能科技自动化生产线。这里占据了广州工业机器人及智能装备产业规模的半壁江山。科幻影片中的桥段正加速在现实生活中发生。

第八章

幸福广州

城市“幸福”的定义就是要满足老百姓差异化幸福感的需求。
这体现的是一座城市在经济、政治、社会、文化等方面的综合实力，
体现的是以人为本的公共服务理念，
与各展其才的个体成长环境的深度协调。
广州人热爱工作，也享受生活。
生活在广州的人是幸福的。

第一节
宜居宜业

70年来，广州不断探索提升人居环境的有效路径，从20世纪50年代水上居民的变迁，到后来的华侨新村、工人新村、建设新村等各类人群居住条件的改善，再到80年代的中国内地第一个商品房楼盘、最早发行的房地产债券、对世界先进建筑设计和管理理念的率先引入等，广州已成为宜居宜业宜游的国际大都市。

▲1950年10月6日，广州市政府公布《广州市房地产权登记暂行办法》。12月20日，开始发放房地产所有证。1951年，新中国成立后广州第一个由政府拨款兴建的工人住宅区——市政工人新村开始建设。这也是新中国成立后广州城市规划建设的起点。21世纪初，这里进行了精心改造，至今仍是许多市民的安居之所。图为1951年新落成的市政工人新村，也即现在的建设新村。

▼新中国成立初期，广州把大批城市工业安置到当时属于市郊的南石头等地，海珠区被列为广州市重要的工业基地，城市规划与建设以工业为中心。海珠区当时的房屋建设，除了工业厂房外，还有就是与企业相配套的工人住宅楼。1952年建成的居民住宅小区有南石头纸厂生活区、小港邮电新村及船厂住宅等工人新村；1955—1958年建成五一新村、沙园新村。图为20世纪50年代广州河南新建的工人住宅区——五一新村。

◀进入20世纪60年代，广州城区的东部也开始兴建大量的工厂，与工厂建设同步进行的就是一批工人新村的出现。图为1964年广州员村工人新村。

▼“疍民”，历史上被称为“蜑户”“蜑丁”“蜑家”“蜑船”等，是广州原住民中一支重要的组成部分。历史上居住在广州城区水域内的船民有15万人之多。图为1949年8月8日，从空中俯瞰珠江。

►1949年11月，广州市通过决议，宣布今后禁用“疍家”称谓，一律称为水上居民，与陆地居民享同等待遇。图为1953年前后，在今沿江路永安堂附近的广州水上居民区。

◀据1951年1月统计，珠江区有艇户、水棚户1622户39682人，船舶户921户19702人。广州市政府根据实际情况，成立一个特别的区——珠江区。1954年周恩来总理出国访问归来途经广州停留视察，专程乘船察看黄沙、沙面、白鹤洞一带，了解水上居民的生活情况，指示一定要为水上居民兴建陆上住宅。随后，国家拨出专款1200万元和调拨一批计划物资用于兴建水上居民的新宅。图为20世纪50年代广州荔湾区新建的水上居民新宅。

◀广州市大力兴建水上居民住宅新村。1958年广州市房管局在芳村山溪村兴建5栋住宅，安置100多户花地周边沿岸破烂船艇的居民。到20世纪60年代，中山八路兴建16栋楼宇，安置当时如意坊水上居民624户3113人，因此这里就命名为“党恩新街”。1964年起，国家先后投资3500万元，建立全市第一个大规模水上居民新村——滨江东水上居民住宅区，安置水上居民2800多户共1万余人。图为20世纪50年代末的滨江东水上居民住宅区。

▶1950年6月16日，广州市人民政府在鳌州外街79号设立“水上第一小学”，当日正式上课的学生有33人；9月，学生增加到106人。1954年，开办了第七、第八小学。此后除增设第九小学外，还有安远街小学及南石头街民办小学都专门招收水上儿童入学。图为原珠江水上第七小学，于1959年改为后乐园街小学，现在成为广州市民间咸水歌文化传承基地。

▲1980—1985年，广州市政府共拨出建房专款3570万元，由广州市艇运总公司负责筹建水上居民住房，至1988年底建成房屋面积9.96万平方米，安置水上居民1680户6720人。其后，市政府还先后两次划建房屋用地6.87万平方米给航运总公司继续兴建住宅。至1990年6月，原在册的水上居民无房者均已获得住房，结束了漂泊水上的苦难生活。图为当年海珠桥南新住宅区。

◀华侨新村的兴建是遵照1954年市一届人大一次会议决议，配合城市建设并贯彻1954年7月中央侨务会议关于“便利华侨建筑房屋与兴办公益事业”指示而进行的。当年开始筹备，进行选址、征地、测量、规划和设计。1955年5月举行奠基仪式。图为新村建设期间，爱国侨领陈嘉庚（前排右二戴礼帽者）从新加坡来华侨新村参观。

◀楼房设计按需要分为两类：一类是独立一户居住的，一类是分层分户的多户共居楼房。每类分为甲、乙、丙3种。1958年建成，并命名“华侨新村”。华侨新村占地面积68万平方米，有花园式独立庭院177座，公寓291座，并有广州市华侨外国语学校。图为1961年别墅式华侨新村一角。

◀华侨新村是一个典型的华侨、侨眷社区。包括马师曾、红线女等知名人士，曾在这里居住。1978年中共广州市委为华侨新村恢复名誉。如今这里作为珍贵的现代建筑文化遗产，得到妥善保护。图为华侨新村外景。

▶进入20世纪80年代，广州加大对旧城居住区的改造，规划扩大市区用地，主要用于改善居民的居住条件。1990年8月，广州市五羊新邨被选定为国家级试点小区（全国共13个小区），是中南6省（区）唯一入选的小区。图为1988年五羊新邨住宅小区。

◀1990年，广州市住房制度改革办公室统一公房租金标准，市区有60%的住户实行新标准。新分配住房实行新制度，有40个单位实行先卖后租、超住房面积标准加租和加收租赁保证金的制度，共收存租赁保证金94万元。1991年1月9日，《人民日报》报道，广州有5万余套房子的买卖向市房改办申请获批准，有1.5万余套已成交，实际回收资金1亿元。图为1992年淘金小区，其位于淘金北路，是综合性生活小区，建筑总面积24027平方米，于1988年10月5日动工，1992年6月8日竣工。

▲与此同时，广州郊区的发展速度也日新月异。图为20世纪80年代花都新华建筑群。

▼南部的番禺地区也进入快速发展期。图为1987年市桥新建的北城区。

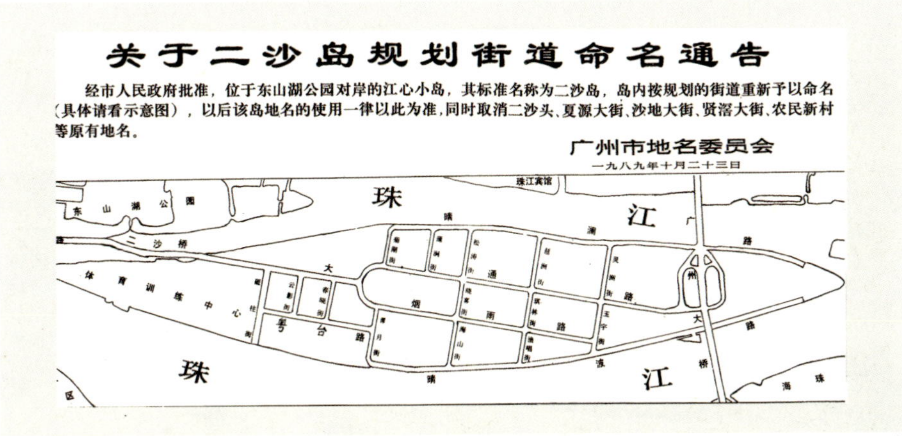

关于二沙岛规划街道命名通告

经市人民政府批准，位于东山湖公园对岸的江心小岛，其标准名称为二沙岛，岛内按规划的街道重新予以命名（具体请看示意图），以后该岛地名的使用一律以此为准，同时取消二沙头、夏源大街、沙地大街、贤滘大街、农民新村等原有地名。

广州市地名委员会

一九八九年十月二十三日

▲按照国务院批准的广州市城建总体规划，二沙岛将吸引外资建成一个高标准、高水平的住宅区。二沙岛原来的2600多名居民将搬迁到客村附近的大江苑住宅区居住。住宅区由用地单位市城建开发总公司投资近5000万元兴建，建筑面积近6万平方米，建有18座住宅楼，从1989年8月起，二沙岛600多户居民搬迁到大江苑。同时，二沙岛也开启了新的规划。图为1989年将二沙头改为“二沙岛”的公告。

▼1992年广州市加快开发二沙岛。按照广州市总体规划，二沙岛将建成“绿、静、美”特色的高标准文化娱乐中心和高级住宅区。全岛面积110万平方米，共分18个功能分区，规划建设55万平方米的建筑物，除一区的商业大厦和二区的豪华酒店是高层建筑外，大都楼高3~4层。建成后岛上绿化面积覆盖之大为广州市各开发小区之冠，喷泉、雕塑及园林小景点缀其间，犹如一座大花园。图为当年刚建成的云影花园。

▲1997年10月28日，棠下解困小区首批（504套）解困房交付使用。小区占地面积为32.5万平方米，可建住宅15万多套。1997年底，竣工住宅2900多套。它是当时广州市最大的解困、安居住宅小区。图为棠下解困小区。

▼改革开放以来，海珠区的工业基地职能逐渐淡化、转移。住宅建设开始有了新的发展。20世纪80年代，海珠区已经建成的住宅小区主要分布在江南西路、海联路、万寿路、基立下道、怡乐路等区域。到了20世纪90年代，海珠区的定位逐渐从工业区过渡到居住区，“宜商宜居”成为发展目标之一。这个时期建成的住宅小区主要有滨江东路的海珠半岛花园、工业大道南的恒大金碧花园、江燕路地区的小区、大塘及其附近的小区、琶洲的雅郡及大家庭花园等。“宁要河北一张床，不要河南一间房”的观念已成为历史。图为江南大道新貌。

第二节
便利出行

在2018年对广州市民进行的有关幸福感的调查中，“便利的交通环境”是得票最高的三个选项之一。

▲新中国成立之初，广州市区内的常用交通工具还摆脱不了人力车。图为20世纪50年代行驶在沿江路的人力三轮车。

◀另一种比较常用的交通工具就是三轮车。图为20世纪60年代广州扬手即停的三轮交通车。

◀货运工具还是古老的大平板车。图为1952年广州街头行驶的人力平板车。

▼水运历来是广州的主要运输方式。图为1958年珠江帆影图，可见有木帆船用于城乡物资运输。

►1956年，广州市成立小汽车公司，拥有59辆出租小汽车。图为当时该公司设在爱群大厦的营业点。

◀1956年11月，广州市成立无轨电车筹备委员会，1960年9月26日正式通车，首批有10辆无轨电车投入营运。1962年4月1日，广州市电车公司成立。至20世纪80年代末，形成线路长度为52.2公里的营运网络。从1998年开始，广州大规模对电车站、电线扩展进行设计和改造。图为20世纪50年代，无轨电车开通运行的情景。

▼公共交通稳步发展。图为20世纪60年代行驶在永汉路（现北京路）的5路公交车。

▲1933年，广州建成市区内横跨珠江的第一桥——海珠桥。1932年，曾有人提出在太平南路(今人民南路)西濠口建筑西堤铁桥。1935年，工务局亦进行筹划并选取桥式，但桥未筑成。1965年4月，经国家计委和建工部批准兴建人民桥，同年11月4日正式动工，于1967年5月1日竣工通车，因此人民桥成为市区内横跨珠江两岸的第二桥。图为1969年的人民桥。

▼图为1980年9月，人民南路西堤二马路建成国内首座人行天桥。

▲1983年12月3日，广州区庄立体交叉桥竣工通车，这是国内首座四层双环形互通式立体交叉桥。图为1983年区庄立交竣工通车典礼。

▼20世纪80年代，区庄立交远眺。

▼1983年建成的石围塘立交桥。

◀20世纪80年代，广州人大多是骑自行车出行，上下班马路上密密麻麻都是“自行车大军”。

▲1985年6月建成通车的广州大桥，跨越珠江主副航道以及二沙岛。

▼1985年6月10日起，对经过广州地区珠江河面所有跨江桥梁的机动车辆实施征收过桥费，包括广州大桥、海珠桥、人民桥、珠江大桥和增埗桥。

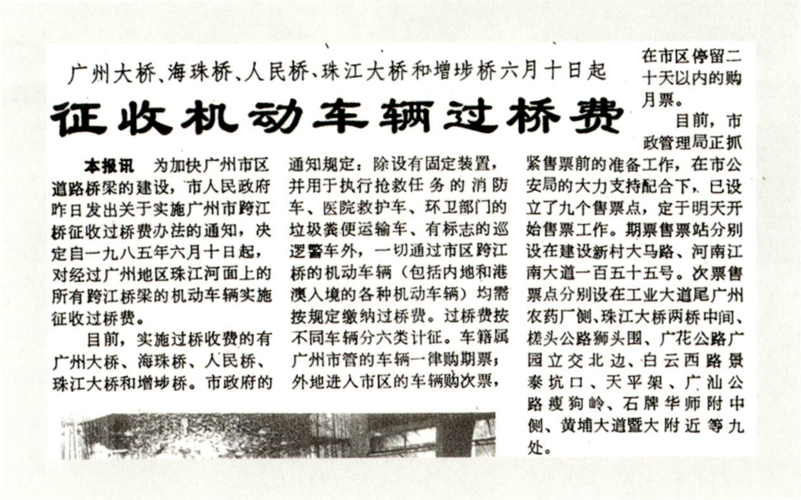

广州大桥、海珠桥、人民桥、珠江大桥和增埗桥六月十日起

征收机动车辆过桥费

本报讯 为加快广州市区道路桥梁的建设，市人民政府昨日发出关于实施广州市跨江桥征收过桥费办法的通知，决定自一九八五年六月十日起，对经过广州地区珠江河面上的所有跨江桥梁的机动车辆实施征收过桥费。

目前，实施过桥收费的有广州大桥、海珠桥、人民桥、珠江大桥和增埗桥。市政府的通知规定：除设有固定装置，并用于执行抢救任务的消防车、医院救护车、环卫部门的垃圾粪便运输车、有标志的巡逻警车外，一切通过市区跨江桥的机动车辆（包括内地和港澳入境的各种机动车辆）均需按规定缴纳过桥费。过桥费按不同车辆分六类计征。车籍属广州市管的车辆一律购期票；外地进入市区的车辆购次票，

在市区停留二十天以内的购月票。

目前，市政管理局正抓紧售票前的准备工作，在市公安局的大力支持配合下，已设立了九个售票点，定于明天开始售票工作。期票售票站分别设在建设新村大马路、河南江南大道一百五十五号。次票售票点分别设在工业大道尾广州农药厂侧、珠江大桥两桥中间、槎头公路狮头围、广花公路广园立交北边、白云西路景泰坑口、天平架、广汕公路瘦狗岭、石牌华师附中侧、黄埔大道暨大附近等九处。

▲1985年12月建成的陵园西路东西天桥，是广州第一座可以通行自行车的天桥，桥面铺设了防滑齿条。

▼1989年10月24日，客村立交建成通车。

▲1986年9月3日，人民路高架路工程正式动工，1987年9月20日正式落成。

▶1987年，广州市电信局开通磁卡电话新业务，遍布广州大街的磁卡电话亭方便市民打电话。

▶20世纪80年代末，广州街头的“大哥大”。

◀20世纪90年代，广州市民已用上程控电话。

◀20世纪90年代，广州有了BB机租赁业务。

◀1979 年 6 月 10 日，广州市九号工程指挥部办公室恢复，并成立广州市地下铁路筹建处。1990 年 11 月 17 日，国家计委正式批准广州市建设地下铁道首期工程。1993 年 12 月 28 日，广州地铁一号线举行开工典礼。图为地铁一号线西门口站施工点。

◀广州市地铁首期工程为东西线。东起广州火车站，西至黄沙珠江隧道口，地铁沿线需要动迁大批民房建筑。图为服从地铁建设的黄沙居民喜迁新居。

▶广州地铁一号线首段于1997年6月28日开通，广州成为全国第四个开通地铁的城市。1999年6月28日广州地铁一号线全线开通，广州从此进入地铁时代。图为广州地铁一号线全线开通仪式。

▶1998年5月25日，国务院批准广州地铁二号线首期工程项目，首期工程全长21.34公里，投资99.7亿元。如今广州的地铁遍布全城，新线路建设还在不断推进，成为连接广州城市各个区域之间最便捷的快速交通系统。图为地铁二号线海珠广场站封顶仪式。

▶1993年8月8日，国内首条公共汽车线路实行无人售票。

▲随着时代发展，无人售票开始出现。图为广州最后一辆有人售票的公交车。

▼1993年11月13日，香港梅派公司、新美景工程公司和城市亚洲公司赠送给广州市的50辆双层巴士陆续投入公交线网运营。

▲1993年12月，广州第一条过江隧道——珠江隧道建成，是我国首条以沉管施工建成的水下隧道。

▼1994年，广州市对解放路等城市主干道进行扩建。图为解放路扩建工程施工现场。

▲1994年7月1日，横贯市中心区南北向3.1公里长的东濠涌高架路全线贯通。市中心区南北向交通有了一条快速通道，与改造后的东西向东风路一起，有效疏通市内交通。图为刚建成通车的东濠涌高架路越秀北东风路立交桥。

▼现在的东濠涌高架，不仅仅是广州市南北交通的一条动脉，也成为点缀广州美丽花城的一道风景线。

▶1993年初，广州市政府开始长达6年的广州市内环路策划、论证、修改、定稿的相关基础工作。1998年1月15日，广州市城市房屋拆迁管理办公室发布内环路第一期工程东山口立交拆迁公告，拉开内环路拆迁的序幕。图为内环路要经过荔湾青年公园以及荔湾湖公园，所以荔湾青年公园的围墙被拆除。

▼内环路共有3126根桩基、2249根墩柱，其中现浇1017根，每一根桩基都有铭牌，上面刻记着项目名称、作业班组、质量负责人。高峰时段，有3万大军在内环路上作业。为了赶工期，很多工地都是昼夜通明。图为一脸泥水一身汗的劳动者们。

▲2000年，庆祝内环路通车。

▲2001年5月21日，广州市政府规定，年满60周岁不满65周岁的老人凭“广州市老年人优待证”进入定点公园和文化馆、纪念馆、艺术馆、博物馆，需购买月票的，可按现行优待办法收费；购买次票的按半价优惠。乘坐市内公共汽（电）车、中巴、轮渡和地铁，享受半价优惠。65岁以上的老人可享受上述方面的各项免费。从2010年起老年人社会保障卡开始发放，除了可享受公交地铁乘车优惠、市管公园门票优惠外，老人持新卡去医院看病还可减免普通门诊挂号费，甚至可以享受优先排队挂号的待遇。

▲2002年6月30日，“羊城通”收费机在广州市区内所有的公交车(船)安装并使用。2003年7月，羊城通系统正式投入运营。羊城通是2001年12月30日在3条线路上开通试运行的。2010年5月1日，新的月票优惠方案在广州市施行，无论是搭乘公交还是地铁，市民在每月混合累计搭车超过15次之后，即从第16次开始，自动享受票价6折优惠。现在羊城通升级为电子车票。

▼2002年10月11日，广佛轨道交通试验段在佛山魁奇路站工地正式开工，这意味着珠三角城际快速轨道交通线网建设正式启动。广佛线呈东西走向，与广州地铁一、二、三号线接驳换乘。

▶2007年1月起，广州市区开始禁止行驶摩托车。图为摩托车从业者在2006年12月16日开着即将被禁止的摩托车参加招聘会现场。

▲广州快速公共交通系统即广州BRT，2010年2月10日正式开通。西起天河体育中心，东至黄埔夏园，全线总长22.9公里。自开通以来，其日均客流量达85万人次，最高达96万人次，单向高峰小时截面通过量达2.99万人次。广州BRT于2011年荣获"世界可持续交通发展奖"，为国内交通项目首获此奖者。2013年获评为BRT系统"金牌标准"，成为亚洲唯一被评为"金牌标准"的BRT系统。

▼2015年10月30日，广州有轨电车第一条线路即广州海珠有轨电车THZ1线正式试运营，里程总长为7.7公里，共设11座车站。截至2018年初，广州有轨电车规划建设线路共7条，海珠环岛线、琶洲创新区加密线、荔湾线、黄埔有轨电车一号线、黄埔有轨电车二号线、黄埔有轨电车三号线、临江大道一鱼珠线。图为行驶在花丛中的有轨电车。

第三节
体育之城

广州是一座全民运动的城市。从全城参与的“广马”和遍布全城的体育、健身设施，从容志行到恒大足球，从六运会、九运会到亚运会，从横渡珠江到国际龙舟赛……在这座城市里，到处呈现出龙腾虎跃的新景象。

▼1950年10月2—4日，广州市首届水上运动会在人民游泳场举行，参加运动会的有78个单位的593人。10月14日—20日，广州市第一届运动会在越秀山体育场举行。叶剑英主持开幕式。1956年1月1—3日，在广州越秀山体育场举行广东省第一届运动大会。图为20世纪50年代游泳场。

◀1956年6月7日，在上海举行的中苏举重友谊赛中，广州运动员陈镜开以133公斤的成绩创最轻量级挺举世界纪录。这是中国运动员第一次打破世界纪录。图为陈镜开。

◀1958年10月2—13日，在广州举行的全国乒乓球锦标赛上，广州运动员容国团获男子单打冠军。次年4月5日，容国团又摘下第25届世界乒乓球锦标赛男子单打冠军。这是中国第一次在世界乒乓球锦标赛上夺得冠军。1964年，年仅27岁的容国团成为中国乒乓球女队教练，并于1965年带队获得第28届南斯拉夫世界乒乓球锦标赛女子团体、女子双打、混合双打冠军。

▼越秀公园的职工，冬天也每日坚持清晨长跑，还几次从广州跑到佛山，来回40多公里。

▶体育锻炼成为广州人的一种生活方式。图为1965年广州铁路集团机务段职工天天坚持做广播体操的场景。

▶1965年举行环市跑，有500多名市民参加。图为参与环市跑的市民通过中山纪念堂。

▶1966年1月1日，在广州市首次举行的冬季渡江游泳活动中，有2377人横渡珠江。如今，横渡珠江已经成为广州全民参与的城市体育文化品牌。图为20世纪60年代，广州横渡珠江活动。

▼1974年举办的广东省第四届运动会，成为新中国成立以来广东地区规模最大的一次运动会。

▲1977年，广州各界举行畅游珠江活动。

▼1978年6月10日，市郊农民恢复端午节划龙舟活动。图为1982年河南的黄埔村举行端午龙舟赛。

▲1980年8月，举行广东省第一届大学生运动会。

◀1983年，中国内地首次举办的国际女子足球邀请赛——1983年广州国际女子足球邀请赛在广州举行。1988年6月1—12日，由国际足球联合会、亚洲足球联合会、中国足球协会联合举办的第一次全球性女子足球比赛分别在广州、佛山、江门、番禺4个赛区同时进行，中国、瑞典、加拿大等12个国家的女子足球队参赛。图为20世纪80年代初在越秀山体育场举行的一场足球赛。

►1984年7月31日，在美国洛杉矶举行的第23届奥林匹克运动会上，广州运动员陈伟强以282.5公斤的总成绩，获60公斤级举重金牌，成为广州历史上首获奥运会金牌的运动员。图为年轻时候的陈伟强。

◀1987年11月20日—12月5日，第六届全国运动会在广州举行。参加此次运动会决赛的有来自29个省、自治区、直辖市和解放军等37个代表团的7500多名运动员。图为“六运会”开幕式上的大型团体操“凌云志”。

▲“六运会”比赛项目中，共19次打破和超过16项世界纪录，67次打破和超过37项亚洲纪录，14次创10项亚洲最好成绩，174次打破82项全国纪录。图为羊城喜迎第六届全运会。

▼1993年，占地500多亩、位于黄埔大道西的广州赛马场正式运作。作为国内唯一一家博彩性质的马匹运动场，经营了7年。

▲ 1994年6月11日，广州市恢复市区珠江河段间断20年的赛龙舟活动。此次活动在海珠桥至人民桥间珠江河段举行，有近3万名市民观看，活动包括滑水表演、龙舟赛和游龙穿梭三个部分。

▼2007年11月10日，第八届全国少数民族传统体育运动会在广州隆重开幕。它是历史上规模最大的全国民族运动会。

▲2008年2月，第49届世界乒乓球锦标赛团体赛在广州举行。图为开幕式预演表演。

◀2008年北京奥运会筹办工作全国巡回展在广州东站天汇城开幕。图为巡回展场景。

◀2010年11月12—27日，第16届亚洲运动会在广州举行，这是广州历史上第一次举办综合性亚洲运动会。从居庸关长城采集的圣火火种于10月12日到达广州。图为火种到达白云机场的场景。

▲第16届亚运会开幕式场地——海心沙岛，总面积为175万平方米，设有固定座位26916个，临时席位7013个，是亚运会历史上第一次将开幕式移至体育场外进行。此届亚运会共有来自45个国家和地区的10156名运动员报名参赛，中国体育代表团在比赛中获得199枚金牌、119枚银牌、98枚铜牌，连续8届名列亚运会金牌榜首位。图为开幕式现场。

►2011年1月1日，海心沙亚运公园正式向市民开放。广州亚运会使用的运动场馆达70个，其中12个是新建场馆。广州亚运会之后，许多场馆面向市民开放，大大增加了市民的运动空间。图为广东奥林匹克体育中心。

▲2011年9月28日，广州恒大足球队客场以4:1战胜陕西人和队，提前4轮夺得2011年中超联赛冠军，这也是广州地区足球所获得的第一个顶级联赛冠军。恒大俱乐部为目前亚洲最为成功、最具影响力的职业足球俱乐部之一。图为广州恒大再夺亚洲冠军的庆祝场面。

▼2012年11月18日，首届广州马拉松赛举行，2万多名选手参加比赛。“广马”为中国田径协会A类认证赛事，2014—2016年连续三年被中国田径协会评选为金牌赛事，2016年赛事首次荣获国际田联铜标赛事称号，2017年获得国际田联银标赛事称号。广州马拉松赛以“名城、和谐、健康”为主题，融竞技魅力与全民健身于一体。

▲图为广马运动员经过猎德大桥。

▼香港赛马会从化马场是为训练香港赛驹而建立的世界级设施，是国内首个世界级马场和纯血马匹训练中心。香港赛马会从化马场从2018年8月28日开始投入运营，标志着香港赛马和粤港合作迈进新里程。图为赛马场全景。

第四节
一起来，更精彩

广州诞生了中国第一家报业集团，广州图书馆平均每天入馆读者超2.5万人次。中国最早的国标舞选手、最早的现代舞团、最早的街舞团体等，都与这座城市密不可分。在原有的珠江新城的四大文化场馆基础上，广州文化馆、广州美术馆、广州粤剧院、广州海事博物馆都将在未来两年内建设完工，广州公共文化设施更加完备。

▲1950年，共青团广州市委在永汉路（今北京路）开办广州市青年文化宫，这是当时广州规模最大的青年文化活动场所。广州市总工会在文明路开办市工人文化宫，习惯称市一宫（市第一工人文化宫），是广州市总工会属下第一个职工业余文化活动场所。图为1954年的广州市工人文化宫正门。

▶1951年3月1日，位于广州市越秀山镇海楼的广州人民博物馆正式开馆。广州人民博物馆前身是1929年创办的广州市立博物院，是中国早期建立的博物馆之一。博物馆建立后的20年间，几经劫难，至1949年所藏贵重文物被劫掠一空。1950年广州市决定重建广州博物馆，在广州地区开展考古发掘，进行社会流散文物的搜集。图为20世纪50年代初，广州人民博物馆(今广州博物馆)。

▶1951年3月3日，广州人民广播电台成立工商台，是日开始播音。1959年9月30日，广州电视台竣工，电视塔高200米，是当时全国最高的建筑物。

廣州日報

周恩來外長發表聲明

贊同蘇聯向聯大提出關於朝鮮問題建議

九天成交七千七百億元

佈置下一階段工作迎接交易高潮

創刊詞

廣大羣眾普遍受到中蘇友好教育

中日貿易協議第一個具體合同在京簽訂

朝鮮前線我軍繼續打擊敵人陸空軍進攻

◀1952年10月，《广州日报》创刊。《广州日报》是中共广州市委机关报。11月中旬，毛泽东主席题写了报头。1952年12月1日正式出版。中间先后经历3次停刊或合并，1972年2月26日，《广州报》恢复出版。从当年8月1日起，改出日报并恢复《广州日报》名称和沿用毛泽东手写报头。1973年8月1日，恢复为对开4版大报。图为1952年12月1日创刊号。

◀1958年5月1日，珠江电影制片厂成立。1983年开始增设电视制作部，拍摄电视剧。2006年4月，珠江电影制片公司依法转制为国有独资有限公司。图为1985年，珠江电影制片厂正在拍摄电影《雅马哈鱼档》。

▲1955年5月17日，广州市中山图书馆和广东人民图书馆合并为广东中山图书馆。图为合并前的广东人民图书馆的正门。

►1959年6月27日，成立广州市档案管理局。1959年11月26日，成立广州市档案馆。新的广州市国家档案馆新馆位于今广州大学城西五路33号，占地面积50013平方米。项目按总体规划、一次征地、分期建设原则实施，规划总建筑面积10万平方米，其中一期于2010年3月正式动工建设，2012年6月竣工，2012年11月完成整体搬迁，2012年12月正式向市民免费开放。广州市国家档案馆是国家一级档案馆，馆藏档案量达123余万卷(册)。图为位于大学城的广州市国家档案馆。

▲1962年3月，首届"羊城音乐花会"在广州举行。参加演出的团体有41个，人数达2400余人，以51场演出、250多项节目、400多个曲目，观众14万人次的盛大规模影响全国，成为当时为数不多的重大音乐活动之一。时隔18年之后的1980年，举办第二届；当时，它与上海之春音乐会、哈尔滨之夏音乐会并称中国三大音乐盛会。图为1980年的第二届羊城音乐花会。

▼1965年春节，广州市群众业余音乐舞蹈表演。

▲1966年6月1日，位于流花湖畔的广州市少年宫正式开放。少年宫占地面积2.3万平方米，另有两个人工湖，可容纳6000人以上的活动。图为1971年的广州市少年宫。

▼20世纪70年代的记者。

▲1972年，广州第六十一中学（即现在的华师附中）的学生在接待外国友人时被外国友人拍摄的校园生活场景。

▼1976年，龙潭村利用村里祠堂办起了幼儿园。玩具不够，大家轮着玩。

►《乐叔与虾仔》是20世纪80年代广州最受欢迎的漫画，以话剧、木偶剧、年画以及产品广告等形式在广州街头广为传播，并在同属广府文化圈的珠三角大受欢迎。主创团队立足草根精神，于街头巷尾挖掘市民生活，凝练成一幅幅生动漫画，道出市民心声，至今仍为很多广州人怀念。图为当年拍摄《乐叔与虾仔》电视短剧的场景。

►20世纪80年代初，广州第一批外来妹在越秀公园欢乐过新年。

►1981年的迎新春舞会。

▲1982年1月2日，广州图书馆开馆。馆址原为1968年建成的“星火燎原”展览馆，它是新中国成立后广州市属的一所综合性公共图书馆，结束了新中国成立以来广州市没有市级图书馆的历史。

▼1983年羊城春色大巡游。

▲1985年12月1日，广东省聂耳、冼星海纪念大会暨广州星海园落成典礼在星海园举行。冼星海的骨灰从北京移放星海园内，举行安放仪式。同年12月2日，广州音乐学院命名为星海音乐学院，命名庆典暨星海塑像揭幕仪式同时举行。图为1998年，以冼星海命名、坐落在珠江之畔二沙岛的星海音乐厅建成，它是中国最具影响力的演出场馆之一，也是中国音效最好的专业音乐厅之一。

▼1987年元旦，声势浩大的“微笑在广州”活动的序幕拉开了。

◀1987年4月1日，广州文化出版社正式成立，同时挂广州市新闻出版局牌子。5月10日，广州市成立国际象棋协会。7月4日，广州市音乐家协会正式成立。10月17日，广州市美术家协会正式成立。11月15日，广州市儿童活动中心建成完工并对市民开放。12月28日，广州市戏剧家协会正式成立。图为1988年1月10日，广州电视台正式开播。这是广东省第一个市属电视台，该台覆盖范围除市区和市属四县外，还可达珠江三角洲地区。

◀1991年9月28日，中国人民解放军广东预备役部队举行盛大国庆阅兵巡游。

▲1993年，第一届南国书香节在广州成功举办，当时在全国引起轰动效应。南国书香节创造了3个第一：第一个省级大型群众读书活动、第一个展销港台图书的书展、第一个引入商业广告的书展。2005年南国书香节复办。2007年起，南国书香节与羊城书展二展合一，并确定为每年举办一届。南国书香节已经成为广东省全民阅读活动的广阔平台和一项重点文化惠民工程。图为2010年的南国书香节，现场人山人海。

►1994年，广州购书中心建成。被誉为“神州第一书城”的广州购书中心成为广州地区乃至全国都具有相当影响力的大型图书文化企业。

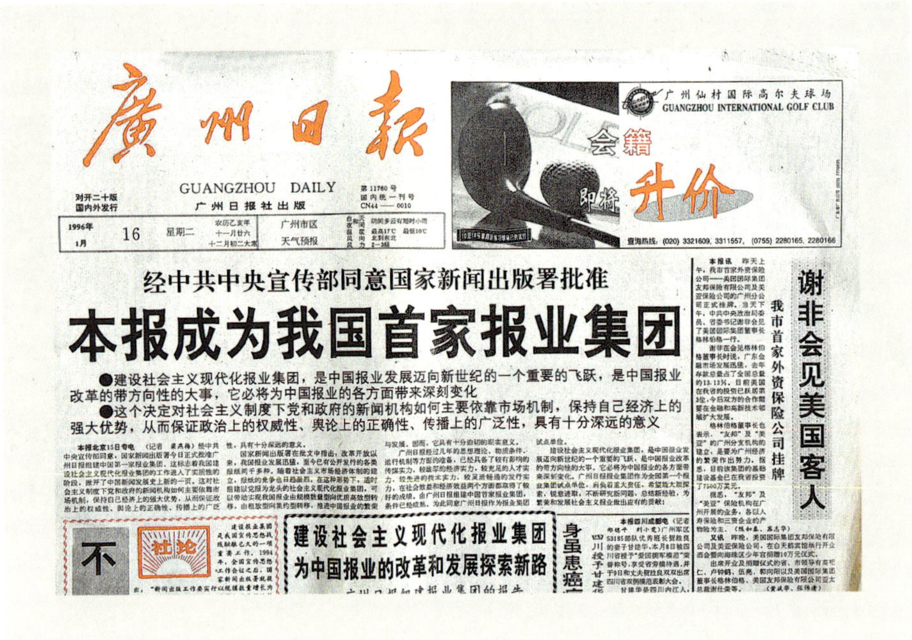

广州日报

GUANGZHOU DAILY

广州日报社出版

对开二十版 国内外发行

第11760号 国内统一刊号 CN44——0010

1996年1月16 星期二 农历乙亥年十一月廿六 十二月初二大寒

广州市区天气预报

广州仙村国际高尔夫球场 GUANGZHOU INTERNATIONAL GOLF CLUB

会籍即将升价

查询热线：(020) 3321609, 3311557, (0755) 2280165, 2280166

经中共中央宣传部同意国家新闻出版署批准

本报成为我国首家报业集团

●建设社会主义现代化报业集团，是中国报业发展迈向新世纪的一个重要的飞跃，是中国报业改革的带方向性的大事，它必将为中国报业的各方面带来深刻变化

●这个决定对社会主义制度下党和政府的新闻机构如何主要依靠市场机制，保持自己经济上的强大优势，从而保证政治上的权威性、舆论上的正确性、传播上的广泛性，具有十分深远的意义

本报北京15日专电 （记者 梁杰梅）经中共中央宣传部同意，国家新闻出版署今日正式批准广州日报组建中国第一家报业集团。这标志着我国建设社会主义现代化报业集团的工作进入了实质性的阶段，揭开了中国新闻发展史上新的一页。这对社会主义制度下党和政府的新闻机构如何主要依靠市场机制，保持自己经济上的强大优势，从而保证政治上的权威性、舆论上的正确性、传播上的广泛性，具有十分深远的意义。

国家新闻出版署在批文中指出：改革开放以来，我国报业发展迅猛，至今已有公开发行的各类报纸两千多种。随着社会主义市场经济体制的建立，报纸的竞争也日趋激烈。在这种形势下，适时组建以党报为龙头的社会主义现代化报业集团，可以带动实现我国报业由规模数量型向优质高效型转移，由粗放型向集约型转移，推进中国报业的繁荣与发展。因而，它具有十分迫切的现实意义。

广州日报经过几年的思想理论、物质条件、运行机制等方面的准备，已经具备了较有影响的传媒实力，较雄厚的经济实力，较充足的人才实力，较先进的技术实力，较灵活畅通的发行实力，在社会效益和经济效益两个方面都取得了较好的成绩。由广州日报组建中国首家报业集团，条件已经成熟。为此同意广州日报作为报业集团试点单位。

建设社会主义现代化报业集团，是中国报业发展迈向新世纪的一个重要的飞跃，是中国报业改革的带方向性的大事，它必将为中国报业的各方面带来深刻变化。广州日报报业集团作为全国第一个报业集团试点单位，肩负着重大责任。希望能大胆探索，锐意进取，不断研究新问题，总结新经验，为繁荣和发展社会主义报业做出应有的贡献！

谢非会见美国客人

我市首家外资保险公司挂牌

社论

建设社会主义现代化报业集团 为中国报业的改革和发展探索新路

▲1996年，全国第一家报业集团——广州日报报业集团挂牌成立。

▼2000年，广州市的博物馆、纪念馆试行每月一日免费开放。广州在全国率先全面试行博物馆、纪念馆每月一日免费开放活动，其中，番禺博物馆和从化博物馆实行全年免费开放。2008年3月28日起，广东省博物馆、广州农民运动讲习所旧址纪念馆、三元里人民抗英纪念馆、黄埔军校旧址纪念馆等4家博物馆、纪念馆免费开放。2009年1月前，全省150多家博物馆、纪念馆全部免费开放。图为装饰一新的鲁迅纪念馆。

▲2003年7月11日，中国音乐界唯一国家级综合性专家大奖“中国音乐金钟奖”落户广州签约仪式举行。从2003年起，中国音乐“金钟奖”永久在广州举办。图为第六届中国音乐金钟奖开幕式音乐会。

▼2005年4月30日，《广州大典》编纂工程在广东省立中山图书馆正式启动。该编纂工程是在市委宣传部、省文化厅主持下，以省立中山图书馆、中山大学图书馆藏书为基础编纂的大型广州文化历史丛书。这一出版工程是继清光绪十三年（1887年）刻印《广雅丛书》之后近120年来首次全面整理抢救广州地方文献的工作。

▲2010年5月9日，广州大剧院正式运营；2010年5月18日，广东省博物馆新馆开馆。2012年12月28日，广州图书馆新馆正式开放。图为2017年大剧院夜景。

第九章

广州巨变

70年的变迁是一部鸿篇巨制，
70年的变迁表现在点点滴滴。
在最后，
我们不妨通过18组画面的对比，
看看发生在我们身边的70年变化。

水上居民

新中国成立之初，广州专门设立“珠江区”管理世代生活在水上的船民，这些船艇被编上门牌地址，世代相传。从20世纪50年代中期开始，政府逐步在陆上建房，帮助水上居民到岸上定居。

上下九

“上下九”是广州人对“上九路”和“下九路”的简称，原名为“上九甫路”和“下九甫路”，是广州著名的“十八甫”中重要的商业街。20世纪60年代，上下九路是西关公交车的主要通道之一，发生拥堵是经常的事情。2007年9月30日，这里设为全天步行街，成为一处旅游胜地。

中国工商银行
广州市妇女儿童用品公司

越秀山体育场

越秀山体育场，在清代曾经是弹药库，民国时期曾开辟为简易运动场。新中国成立后的首任广州市市长叶剑英号召青年用自己的双手建设人民体育场。在相当长的时间内，这里成为广州举办大型活动的主要场所。体育场建成后，曾进行过多次翻修，并见证了南粤足球的兴衰，被誉为载满广州人记忆的体育场。

广东大厦

20世纪80年代中期，位于东风路的广东省政府招待所的五层大楼在控制爆破中被拆除，随后诞生一座新的大厦——广东大厦。这里也成为举办第六届全国运动会的重要接待场所。

环市路

20世纪70年代的环市路，只有113米的中国第一高楼白云宾馆“金鸡独立”，现在的环市路已经成为广州市的一个重要商圈。

双塔路

上图是1973年的广州市郊区新滘公社凤和大队红旗大围，它是蔬菜生产基地，远处就是距离广州市中心最近的赤岗古塔。下图是2014年在同一个位置拍摄的，远处已经高楼林立，2010年建成的广州塔与赤岗古塔为邻，双塔辉映，因此附近的路也被命名为双塔路。

珠江上的桥

20世纪30年代建成的海珠桥，让“千年河南”与河北连为一体。直到20世纪60年代，市区珠江河段才出现第二桥——人民桥。现在的珠江两岸，十多座大桥把广州连为一体。

江南大道

1984年3月18日，农民大厦，也即江南大酒店破土动工。它是由当时的联星大队投资建设的。当时的江南大道处于起步阶段，马路两边建筑物不高。时间来到2014年，江南大道的建筑物鳞次栉比，江南大道已经成为海珠区商业交通要道。

“的士”

新中国成立前，广州“的士”主要是人力车；新中国成立后比较长的时期内，广州“的士”是招手即停的三轮车，被市民俗称为“三脚鸡”。如今快速安全的各种的士遍布大街小巷。

二沙岛

二沙岛，原名二沙头，1985年建成通车的广州大桥，让二沙岛一线连通珠江南北两段的广州大道。从1992年开始，广州加快开发二沙岛。现在的二沙岛已经成为广州人休闲的一处主要打卡地。

广州图书馆

广州图书馆，已经成为广州展示文化实力的一个重要场所。谁曾想到，这里曾是养殖场。

海珠区科技创业园

1958年，广州市郊区新滘公社建成大礼堂，成为村庄的最大标志性建筑，旁边的小白楼是公社的招待所。公社礼堂后来成为新滘镇人民政府的办公楼，2002年撤销新滘镇后，这里建成了海珠区科技创业园和广州市留学人员创业(海珠)基地。

天河体育中心

20世纪80年代初，为筹办第六届全国运动会，在被废弃的天河机场空地建成六运会的主会场，也就是现在的天河体育中心。

横渡珠江的孩子们

横渡珠江，是广州人的一项传统体育项目。同样是横渡珠江，20世纪70年代的孩子们没有救生圈，就身系木头浮标，不过他们的童趣一点也没少。

猎德村

与很多城中村一样，祖辈生活在这里的村民们伴随着城市的扩张也在改变着生活方式。右下图是拆迁前的俯瞰猎德村图中的右上角为建设中的广州塔，左图是在新落成的高楼大厦下的千围宴。

“双桥烟雨”

“江山胜景描难尽，丝雨晴烟看双桥”，描绘的是1963年版羊城八景“双桥烟雨”。珠江大桥建成，横亘在珠江东西两条支流上，分东西两桥，故称“双桥”，中间便是大坦沙。多年来，东桥下的桥中二手厨具市场违法建设、占道经营、影响景观、拥堵交通。2019年7月，荔湾区城管执法局强制拆除桥中段沿线占地2万平方米违建商铺，重现“双桥烟雨”景观。

荔枝湾

历史上的荔枝湾，是广州市历史悠久的风景名胜。20世纪40年代，随着广州城区的扩展，再也难以适应荔枝树的生长。1958年后，新荔枝湾水系沦为臭水沟；1992年，泮溪酒家至逢源桥一段水道也被覆盖，荔湾涌的名称一度成为历史。1999年，提出“复建荔枝湾故道”。2010年4月开始动工，10月16日凌晨，荔湾湖的湖水被引入河涌，从历史重回现实。荔枝湾工程成为广州“治水”的典范。

新中轴线

广州城用了一千年铸就旧中轴线；新中国时期的广州，用了不到40年的时间，又铸就一条新的中轴线。

参考书目

【1】广东省立中山图书馆编纂：《广东百年图录》，广东教育出版社，2002年版。
【2】王永平主编：《广州发展纪事》，广东经济出版社，2013年版。
【3】广州市地方志编纂委员会：《广州市志》，广州出版社，2000年12月版。
【4】广州市地方志编纂委员会：《广州市志》（1991—2000），广州出版社，2010年12月版。
【5】广州市荔湾区地方志编纂委员会编：《荔湾区志》，广东人民出版社，1998年版。
【6】广州市荔湾区地方志编纂委员会编：《荔湾大事记》，广东人民出版社，1994年版。
【7】广州市天河区地方志编纂委员会编：《天河区志》，广东人民出版社，1998年版。
【8】广州市黄埔区地方志编纂委员会编：《黄埔区志》，广东人民出版社，1999年版。
【9】广州市越秀区地方志编纂委员会编：《越秀区志》，广东人民出版社，2000年版。
【10】广州年鉴编纂委员会编：《广州年鉴》，广州年鉴社，1983—2018年各期。
【11】广东画报社编：《广东画报》，1958—1966年、1972—1999年各期。
【12】广州市设计院：《广州建筑实录（北郊部分新建筑）》，1976年4月版。
【13】黄崧华、杨万秀主编：《广州》，中国建筑工业出版社，1988年2月版。
【14】广州市建设委员会编：《广州城建丰碑》，广东人民出版社，1994年9月版。
【15】广州市建设委员会编：《广州建筑与路桥》，广州出版社，2001年4月版。
【16】广州年鉴社、广东省档案馆：《百年广州》，广州年鉴社，2001年12月版。
【17】广州近代史博物馆编：《近代广州》，中华书局，2003年12月版。
【18】广东省档案馆编：《图说广东改革开放30年》，广东人民出版社，2008年版。
【19】广州市档案局（馆）编：《广州解放档案文献图集》，中国档案出版社，2009年9月版。
【20】黄小晶、李汉强、冯秋航主编：《广州当代大事纪略》，广州出版社，2018年12月版。
【21】广州日报、广州地区绿化委员会编：《新羊城八景》，新世纪出版社，1987年11月版。
【22】羊城晚报报业集团编：《大城之美：羊城新八景珍藏画册》，羊城晚报出版社，2011年9月版。
【23】广州市创建文明城市联席会议办公室、广州市城乡建设委员会：《花城新姿——广州市“一年一小变”成果剪影》，（2000）穗印准字第0036号。
【24】广州市档案馆编：《百届广交会（1957—2006）》，（2006）穗印准字第0325号。
【25】广东省档案馆、南方大学校友会：《南方大学之光校史画册》，广东人民出版社，2007年版。
【26】广东省立中山图书馆编著：《老广州》，岭南美术出版社，2009年8月版。
【27】汤应武、李婉芬主编：《广州日报翻阅广州60年》，花城出版社，2012年版。
【28】广州市越秀区档案局编：《水润花城》，广东人民出版社，2012年1月版。
【29】林树森著：《广州城记》，广东人民出版社，2013年版。
【30】广州市妇女联合会编、广东省立中山图书馆协编：《广州妇女百年图录：1910—2010》，广州出版社。

【31】中共广州市荔湾区委员会、广州市荔湾区政府编：《百年荔湾》，广东省语言音像出版社，2001年版。
【32】广州市海珠区国家档案馆编：《村里往事——广州市海珠区老照片故事系列》，杨对荣摄影，2011年版。
【33】中共广州市海珠区委宣传部、广州市海珠区国家档案馆编：《郊乡变奏——广州市海珠区老照片故事系列》，杨对荣摄影，2011年版。
【34】李卓祺、郑力鹏主编：《广州陈氏书院实录》，中国建筑工业出版社，2011年版。
【35】邵云平主编，王艮等摄影：《世纪的召唤——广州城市建设五十周年》，广东经济出版社，1999年版。
【36】广州地区酒店行业协会编：《广州地区酒店行业协会成立20周年纪念刊》，2008年版。
【37】广州市越秀区档案局编：《长堤风华录》，广东人民出版社，2016年版。
【38】广州市档案局、广州市国家档案馆编著：《春色满园——广州改革开放三十周年》，广东人民出版社，2008年版。
【39】广州市教育委员会编：《广州教育五十年》，1999年版。
【40】《广州市公安》编辑部：《广州公安：广州市公安局成立60周年特刊》，2009年版。
【41】广州市越秀区教育局、广州市越秀区档案局编：《根深叶茂源远流长——越秀区教育发展史》，中国文史出版社，2005年版。
【42】广州市国土资源和房屋管理局、武汉大学编：《广州市影像地图集（上下册）》，西安煤航信息产业有限公司制版印刷，2010年版。
【43】广州友谊商店编：《广州友谊商店：25周年纪念：1959—1984》，1984年版。
【44】区焯贤、李华主编：《公交辉煌 月票春秋：广州市第一公共汽车公司》，2004年版。
【45】新快报社、广东省档案馆编著：《60瞬间广州往事》，羊城晚报出版社，2009年版。
【46】广州市国家档案馆、广州市工商行政管理局、广州市花市办公室编：《广州迎春花市——春来南国花如绣》，广州出版社，2010年版。
【47】李穗梅主编：《镇海楼史文图志》，花城出版社，2004年版。
【48】蔡镇远主编，广州市中山纪念堂管理处编著：《广州中山纪念堂历史图册》，2006年版。
【49】广州大学城建设指挥部办公室、广州市城市建设档案馆编：《广州大学城建设大事记》，广东人民出版社，2007年版。

后 记

历经火热的夏天之洗礼、清爽的秋天之淬炼，历史图册《大城之美——图说广州发展70年》终于和大家见面了！

在新中国成立70周年之际，由中共广州市委宣传部编辑出版的《大城之美——图说广州发展70年》力争在70年的时间轴线上，展现广州城市发展的一个动态过程。通过1000多张图片展现广州70年发展的历史长河，呈现广州70年的波澜壮阔。

在图片选取上，力争做到突出“节点、重点、亮点、特点”相统一。除了已经列举出来的书目外，本图册图片主要以广州日报社提供的历史图片资料为基础，特别是包括廖衍强、黄汝广、温植洪、陈安等在内的广州日报历代摄影记者提供了大量鲜为人知的原始图片和未公开发表的图片，有些章节也选用了包括南方日报、羊城晚报等在内的媒体的图片，同时参考了2001年在广东省博物馆举办的，由中共广东省委组织部、中共广东省委宣传部、广东省档案局等单位联合主办的“党的光辉照广东”大型展览，以及广州图书馆2009年举办的“国庆60周年图片展览”、广州图书馆2019年举办的“潮起珠江巨变天河——珠江新城20年变迁：许培武摄影回顾展”等展览的部分图片，并从广州市海珠区国家档案馆编、杨对荣摄影的《村里往事——广州市海珠区老照片故事系列》《郊乡变奏——广州市海珠区老照片故事系列》两本图册选用部分图片，也选用了大量由广州市档案馆、中共广州市委党史文献研究室（原广州市委党史研究室）提供的图片等。在此，我们表示感谢。

在文字说明上，本图册力争按照“小切口、大视野”的要求，侧重解说图片背后的故事性，希冀达到既是一本史料翔实的图册，又是一本百姓市民爱看的图册的效果。

限于编者的学识，本图册在文字内容的考证、文图配合的契合度、图片搜集覆盖面和取舍等方面，必定存在不少疏漏。我们诚恳地期待广大读者提出宝贵的批评意见。

由于种种原因，本图册无法一一标注摄影作者和图片来源，也无法一一与摄影作者取得联系。如有不妥之处，请您与我们联系。

编者

2019年10月